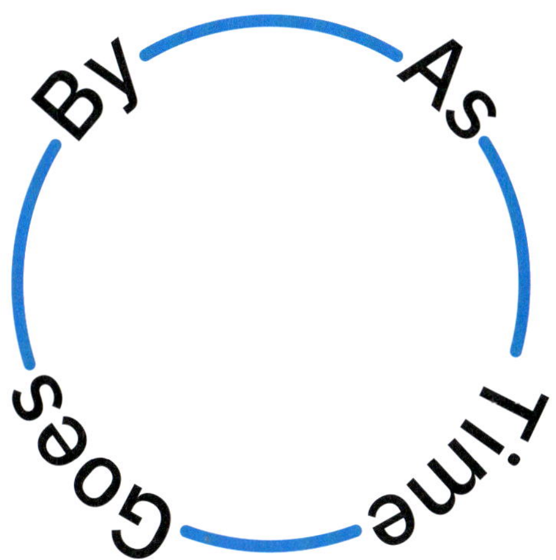

Björn Drenkwitz

DISTANZ

As Time Goes By

Björn Drenkwitz

Barbara Auer, Marco Hompes, Sergey Harutoonian

Eröffnungsrede/Opening Speech *As Time Goes By*

Barbara Auer

S. / p. 4

Komplexe Identitäten/Complex Identities

Marco Hompes

S. / p. 42

The Beginning Is the End Is the Beginning

Sergey Harutoonian

S. / p. 70

Eröffnungsred *As Time Goes* Ludwigshafen for the exhibit *By* at the Kuns hafen

Barbara Auer, Direktorin / D ein Ludwigsha

e zur Ausstellung
y im Kunstverein
/ Opening speech
on *As Time Goes*
rverein Ludwigs-

rector, Kunstver-
fen

Barbara Auer,
Direktorin Kunstverein Ludwigshafen

Eröffnungsrede zur Ausstellung *As Time Goes By* im Kunstverein Ludwigshafen

Auszug aus der Eröffnungsrede zur Ausstellung *As Time Goes By*

(...)
Wir sehen in dieser Ausstellung zwölf Videos, die in den vergangenen Jahren entstanden sind. Daneben ist noch eine kleine Auswahl an grafischen Arbeiten und Objekten zu sehen, die mit den Videoarbeiten verbunden sind.

Doch zuerst zu den Videos, die sich auf sehr unterschiedliche Weise mit dem Phänomen Zeit, das aufs Engste mit dem Medium Film verbunden ist, beschäftigt. Film bringt Zeit zur Darstellung. Der Film öffnet Räume, in denen unterschiedliche Variationen von Temporalität sinnlich erfahrbar werden – es ist das zentrale Thema von Björn Drenkwitz' Videokunst.

Geradezu exemplarisch demonstriert Björn Drenkwitz diese dem Medium inhärente Eigenschaft mit dem Video *Seestück*. Die Arbeit ist eine Referenz an die Malerei des 19. Jahrhunderts. In *Seestück* zitiert der Künstler über den Bildaufbau mit Vorder-, Mittel- und Hintergrund (Strand, Meer, Himmel) das klassische Kompositionsschema der Landschaftsmalerei. Drei Zeitebenen werden hier miteinander verbunden: Am Strand erkennt man schemenhaft zwei tanzende Frauen in Zeitlupe, die Brandung des Meeres ist in Realzeit zu sehen, während der gelblich leuchtende Abendhimmel sich im Zeitraffer in kürzester Zeit in bedrohliches Schwarz verdunkelt. Wie eine Art Lehrstück demonstriert das Video diese Möglichkeiten der Verschränkung verschiedener Zeitebenen, die dem Film eine mysteriöse, unheimliche Stimmung verleihen.

Generell kommen die Filme von Björn Drenkwitz oft einfach daher, sie wirken auf den ersten Blick vielleicht etwas spröde, das Setting ist klar definiert, die Kamera ist statisch und frontal auf die Protagonist*innen gerichtet, der Hintergrund neutral. Was allen gemeinsam ist und die Erwartungshaltung der Betrachter*innen durchkreuzt, ist, dass hier keine Geschichten erzählt werden, der Künstler verzichtet auf jegliches narratives Element.

Vielmehr basieren alle Arbeiten auf klaren konzeptuellen Entscheidungen, die dem Werk eine ganz eigene Handschrift verleihen. Im Zentrum stehen immer Akteur*innen, auf die sich die gebündelte Aufmerksamkeit richtet. Drenkwitz arbeitet gerne mit Schauspielern*innen und in jüngster Zeit auch mit Sänger*innen zusammen. Sie bekommen klare Regieanweisungen, was sie zu tun haben. Im Video *Federleicht* sieht man zum Beispiel, wie auf der Hand eines ausgestreckten Arms eine Vogelfeder liegt. Die einzige Anweisung des Künstlers bestand darin, dass der Akteur den Arm so lange ausgestreckt zu halten hat, bis ihm die Kräfte schwinden und der Arm herabsinkt. Der Prozess dauert sieben Minuten.

Es sind oft „Leibesübungen" von größter körperlicher Anstrengung, die in den jüngsten Arbeiten gepaart werden mit dem Rezitieren komplizierter philosophischer Texte. Den Akteur*innen wird dabei immer sehr viel abverlangt. Es sind zum einen physische Anstrengungen, die die Schauspieler*innen oft an ihre Grenzen bringen, gekoppelt mit intellektuellen Leistungen, die eine enorme geistige Konzentration erfordern.

Wir sehen in der Arbeit *Sein und Zeit* eine auf einem Laufband rennende junge Frau. Die körperliche Anstrengung ist deutlich sicht- und über den Atem auch

Abbildungsverzeichnis / List of Figures

Abb. 1 / Fig. 1

Seestück, 2011,
Ausstellungsansicht /
exhibition view
Kunstverein Ludwigshafen,
Full HD Video
Dauer / duration 02:55

S. / p. 7

Abb. 2 / Fig. 2

Sein und Zeit, 2013,
Ausstellungsansicht /
exhibition view
Kunstverein Ludwigshafen,
Full HD Video
Dauer / duration 05:16
(Videoloop)

S. / p. 8

Abb. 3 / Fig. 3

Federleicht, 2008,
Ausstellungsansicht /
exhibition view
Kunstverein Ludwigshafen,
HD Video
Dauer / duration 07:00

S. / pp. 10, 11

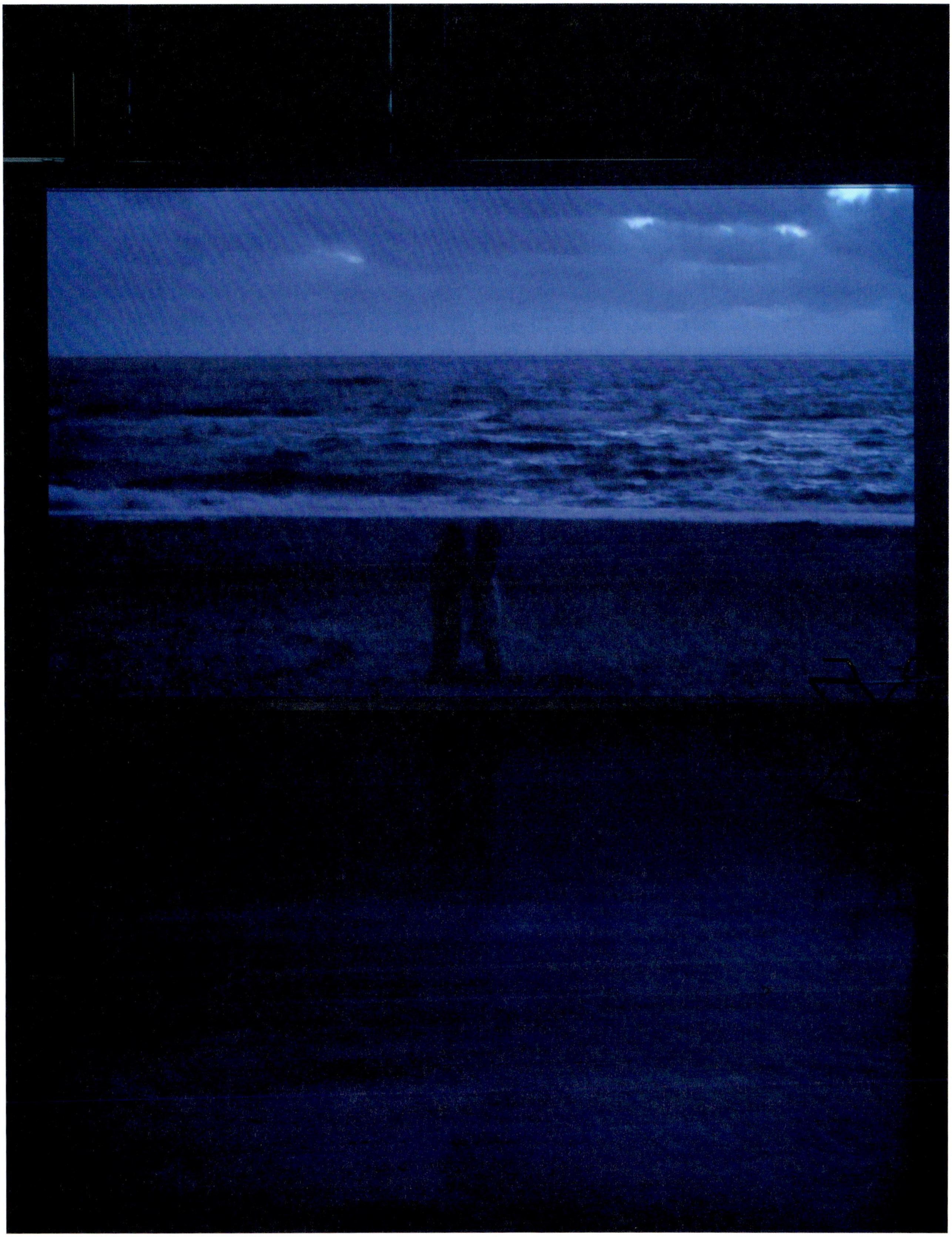

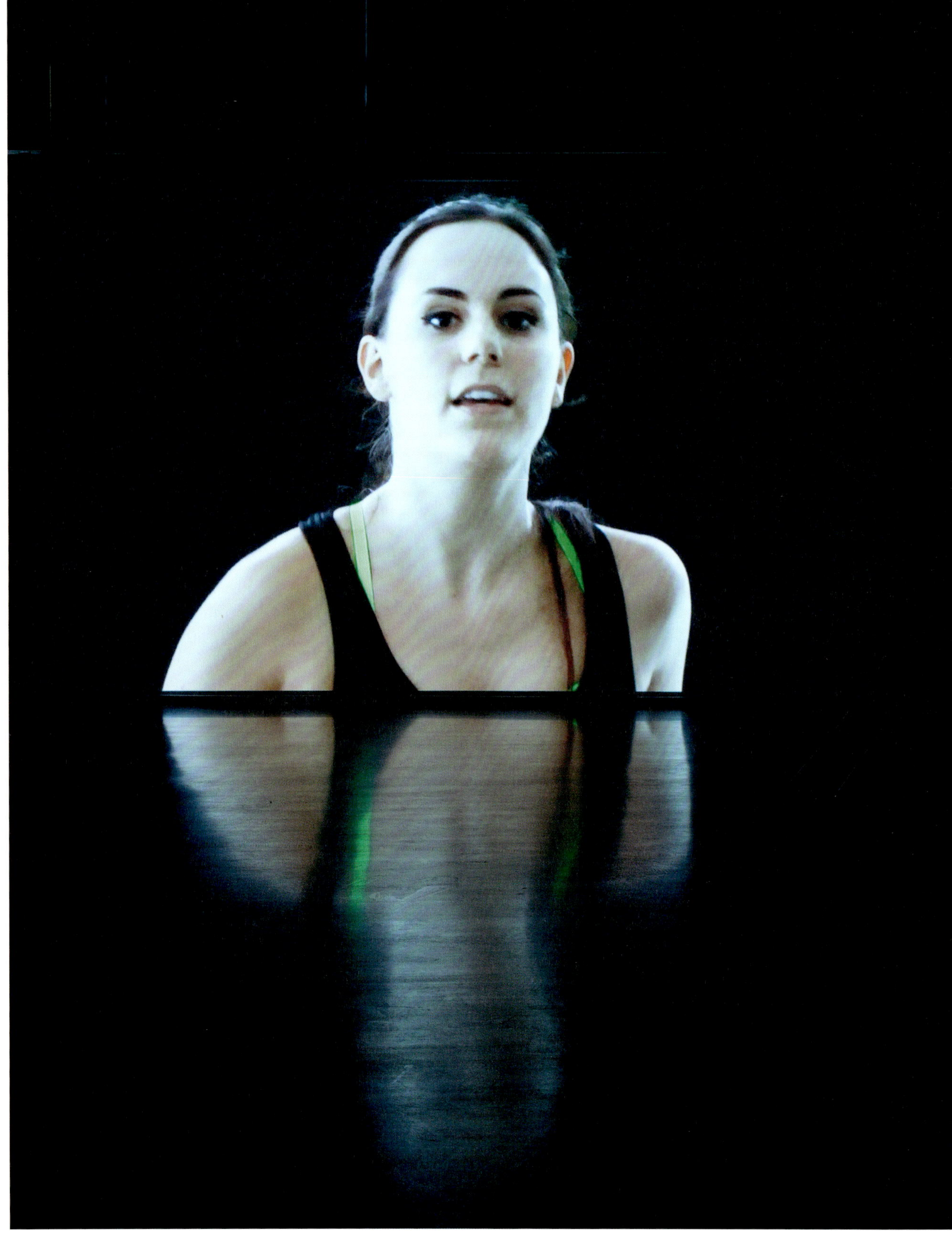

hörbar. Sie läuft und läuft, während sie gleichzeitig den äußerst komplizierten Text aus Martin Heideggers Hauptwerk *Sein und Zeit* rezitiert. Eine absurde Verbindung!

Im Grunde können die Betrachter dem Sinn des Textes nicht folgen, denn die komplizierte Sprache Heideggers, für die er auch zu Recht kritisiert wurde, ist eine hohe intellektuelle Herausforderung. Darum geht es dem Künstler auch gar nicht. Was beim mehrmaligen Betrachten jedoch geschieht, ist, dass sich einzelne Sätze oder auch nur Worte einprägen, wie beispielsweise Zeitlichkeit, Existenz, Endlichkeit, endlos, Dasein, Zukünftiges, Gegenwärtiges.

Mit einfachen Mitteln wird das abstrakte „Phänomen Zeit" in eine bildhafte Sprache übersetzt. Es ist der Lauf der Zeit, der nicht unterbrochen werden kann. Das Video öffnet den Raum für viele Interpretationen, es zeigt den Zeitfluss, das Leben, unsere Existenz, der wir in unserer beschleunigten Zeit oftmals tatsächlich hinterher zu hecheln scheinen und uns keine Ruhe, keine Pause mehr gönnen. Die „Vita Activa" hat der „Vita Contemplativa" schon längst den Rang abgelaufen.

In der Arbeit *Immaterielle Produktion* rezitiert ein Schauspieler einen Text von Karl Marx über die Rolle des Kunstschaffenden in der kapitalistischen Produktion. Entscheidend in diesem Text ist, dass Marx schon in seinen Mitte des 19. Jahrhunderts verfassten *Theorien über den Mehrwert* geradezu hellseherisch erkannt hat, dass die Kunstproduktion eine Übergangsform zur kapitalistischen Produktion darstellt, „in der die Ausbeutung der Arbeit gerade am größten ist."

Bildlich überträgt Björn Drenkwitz diese enorme Anstrengung und finanzielle Ausbeutung, die ein Künstlerberuf mit sich bringt, indem er einen Schauspieler anleitet, diesen Text von Marx im Kopfstand zu rezitieren. Das Bild wurde dann jedoch umgedreht, sodass man meint, der Protagonist stünde aufrecht, während er spricht. Erst im Laufe der Zeit wird sichtbar, unter welcher enormen körperlichen Anstrengung der Text vorgetragen wird. Diese Arbeit ist letztendlich ein deutliches politisches Statement zur aktuellen prekären Lage der Kulturschaffenden in unserem Land.

Das Video *Haircut* mutet auf den ersten Blick wie eine ironische postdadaistische Performance an. Ein großer Blumenstrauß steht als Stillleben arrangiert im Zentrum des Films. Was dann passiert, ist so absurd, dass man mehrmals hinschauen muss, um zu begreifen, dass tatsächlich eine Frau, ausgestattet mit Schere und Kamm, dem Blumenstrauß einen Haarschnitt verleiht, man könnte auch sagen, das Arrangement zurechtstutzt. So spielerisch leicht das Ganze zuerst daherkommt, so bedrückend wird die Szenerie, je länger man den aggressiven Schnitten der Schere folgt. Die organisch runden Blütenformen werden in Façon gebracht, werden „wider die Natur" zu geometrischen Formen, zu Würfel und Quadern. Steht dahinter nicht auch der Drang des Menschen, sich die Natur zu eigen zu machen, sie zu manipulieren, zu domestizieren? Was ursprünglich witzig erscheint und zum Lachen ermuntert, wird, je länger man das Video betrachtet, zu einer äußerst beklemmenden Situation.

Zum Schluss möchte ich noch kurz einen Blick auf die grafischen Arbeiten werfen, die nur beispielhaft einen weiteren Aspekt des Werkes von Björn Drenkwitz aufzeigen. Die in den Videos thematisierten Prozesse und Erkenntnisse werden auf andere Medien übertragen wie beispielsweise die Transformation akustischer Frequenzen in visuelle Strukturen. Der Künstler benutzt dafür originale Audioaufzeichnungen, die er dann in grafische Darstellungen übersetzt. In der Arbeit *Echo* handelt es sich um gesellschaftlich relevante Kernsätze, die für politische Wandlungen, Verände-

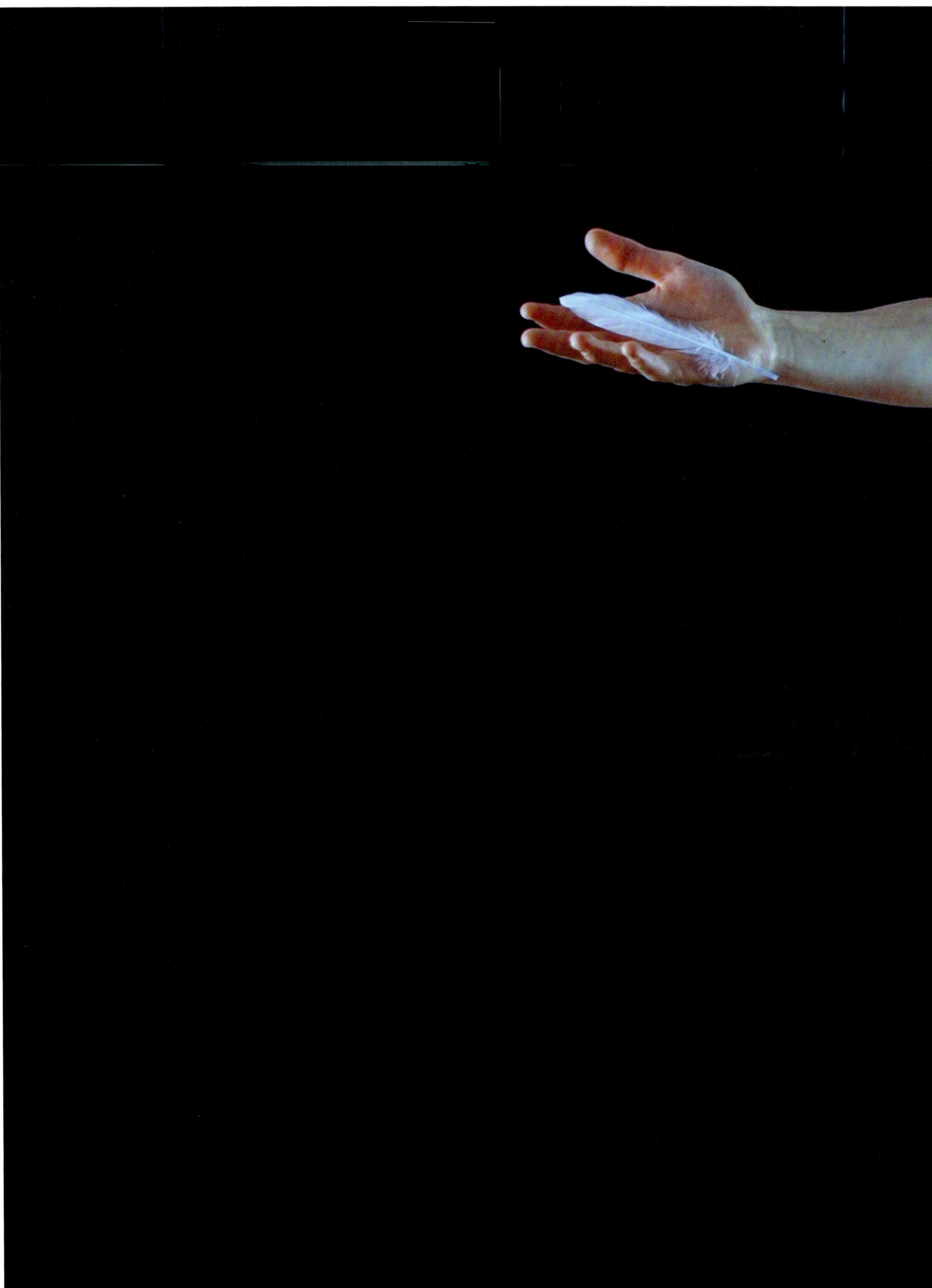

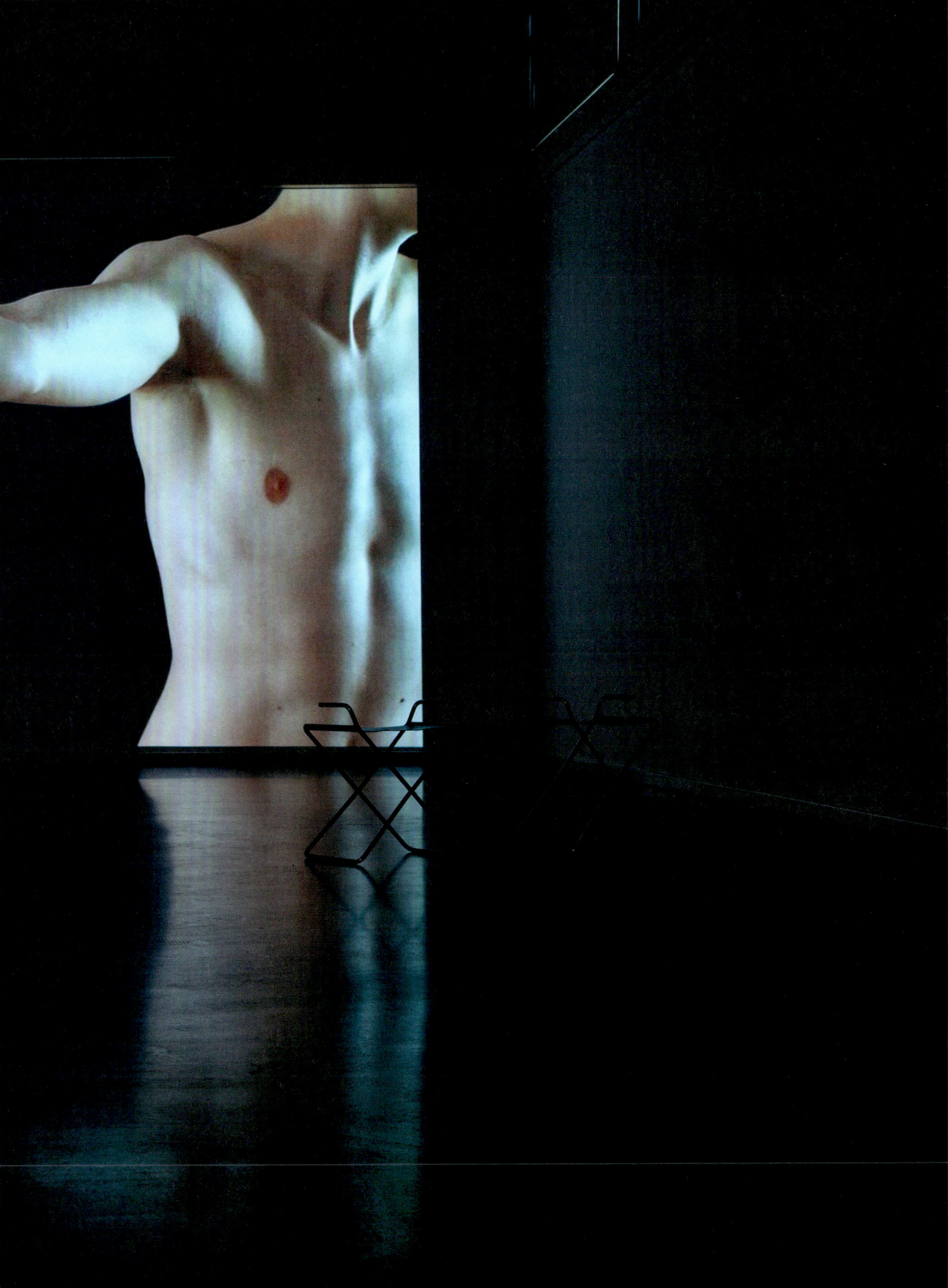

rungen stehen, wie etwa „Yes we can" oder das Zitat „Wir sind das Volk". Die Rückübersetzung eines Tones in ein grafisches Muster setzt wiederum bei den Betrachtern Bilder frei: Bilder, die wir alle in unserem kollektiven Gedächtnis gespeichert haben.

Die gleiche Vorgehensweise, also die Übersetzung einer akustischen Information in eine visuelle, sehen wir in der Arbeit *Meaningful Silence*. Die grafische Linie auf schwarzem Hintergrund zeichnet die letzten Millisekunden Stille vor der Detonation der Atombombe auf Hiroshima am 6. August 1945 nach. Die Arbeit zeigt, so der Künstler, „den letzten Moment einer vergangenen Zeit und auch einer verlorenen Unschuld".

Björn Drenkwitz ist ein Grenzgänger zwischen den Medien Musik, bildende und darstellende Kunst, zwischen Literatur und Philosophie. Er ist ein „Ideenkünstler", man muss bei seinen Arbeiten immer „um die Ecke" denken, um die oft mit beißender Ironie gewürzte Hintergründigkeit, seine Kritik an gesellschaftlichen Verhältnissen und Entwicklungen zu begreifen. Dies tut er mit großer Ernsthaftigkeit und Konsequenz. (...)

Abb. 4 / Fig. 4

Immaterielle Produktion, 2016, Ausstellungsansicht / exhibition view Kunstverein Ludwigshafen, Full HD Video Dauer / duration 02:16

S. / pp. 12, 13

Abb. 5 / Fig. 5

Bankett, 2010, Ausstellungsansicht / exhibition view Kunstverein Ludwigshafen, Full HD Video Dauer / duration 09:50

S. / pp. 14, 15

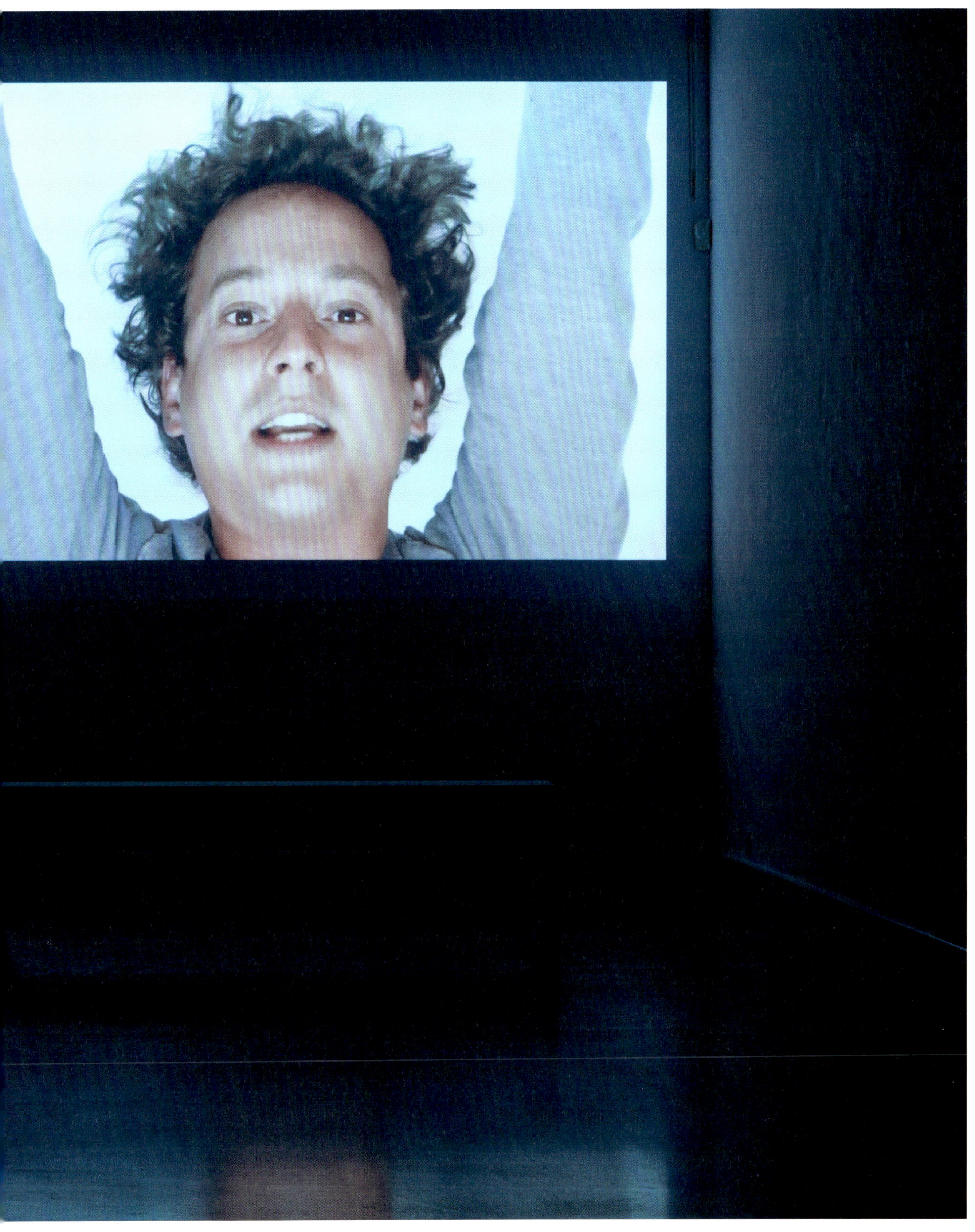

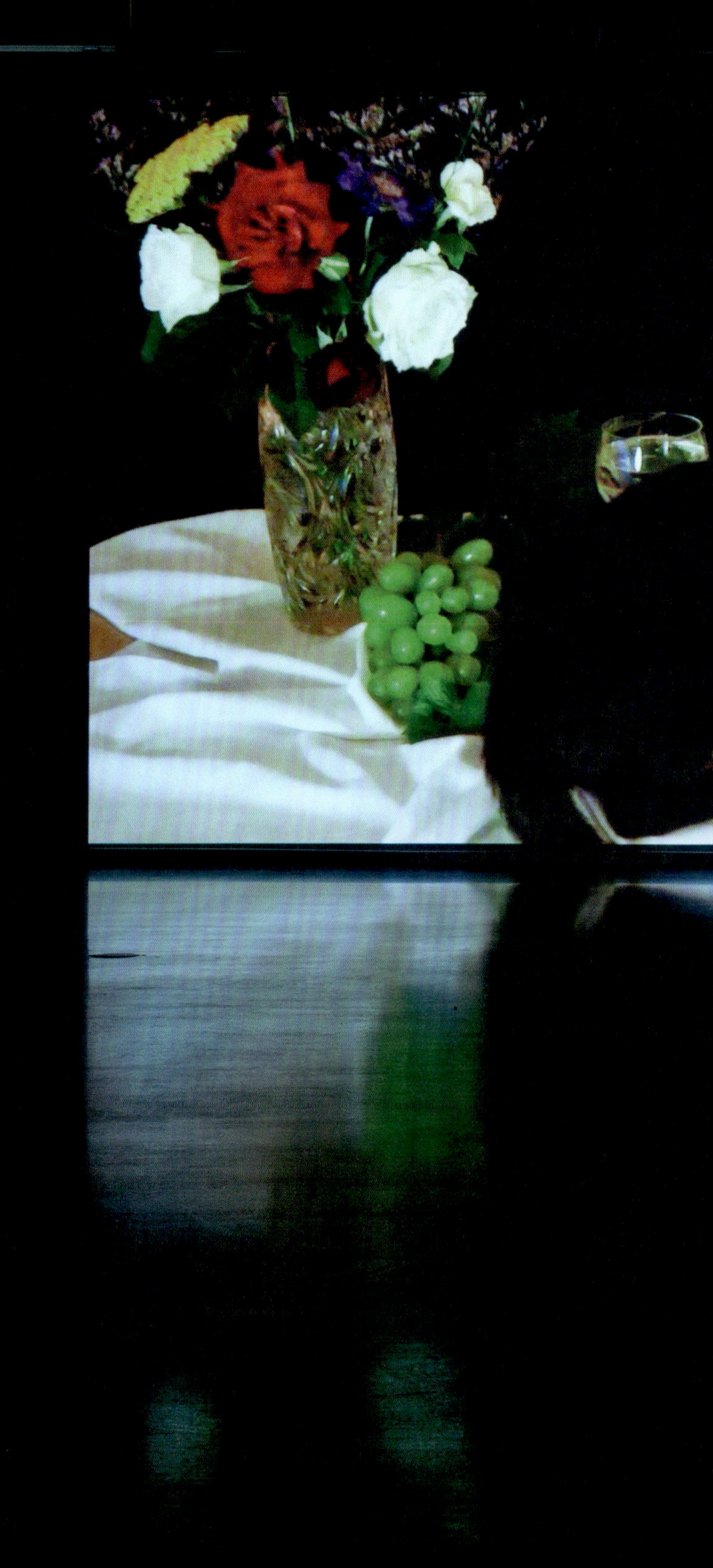

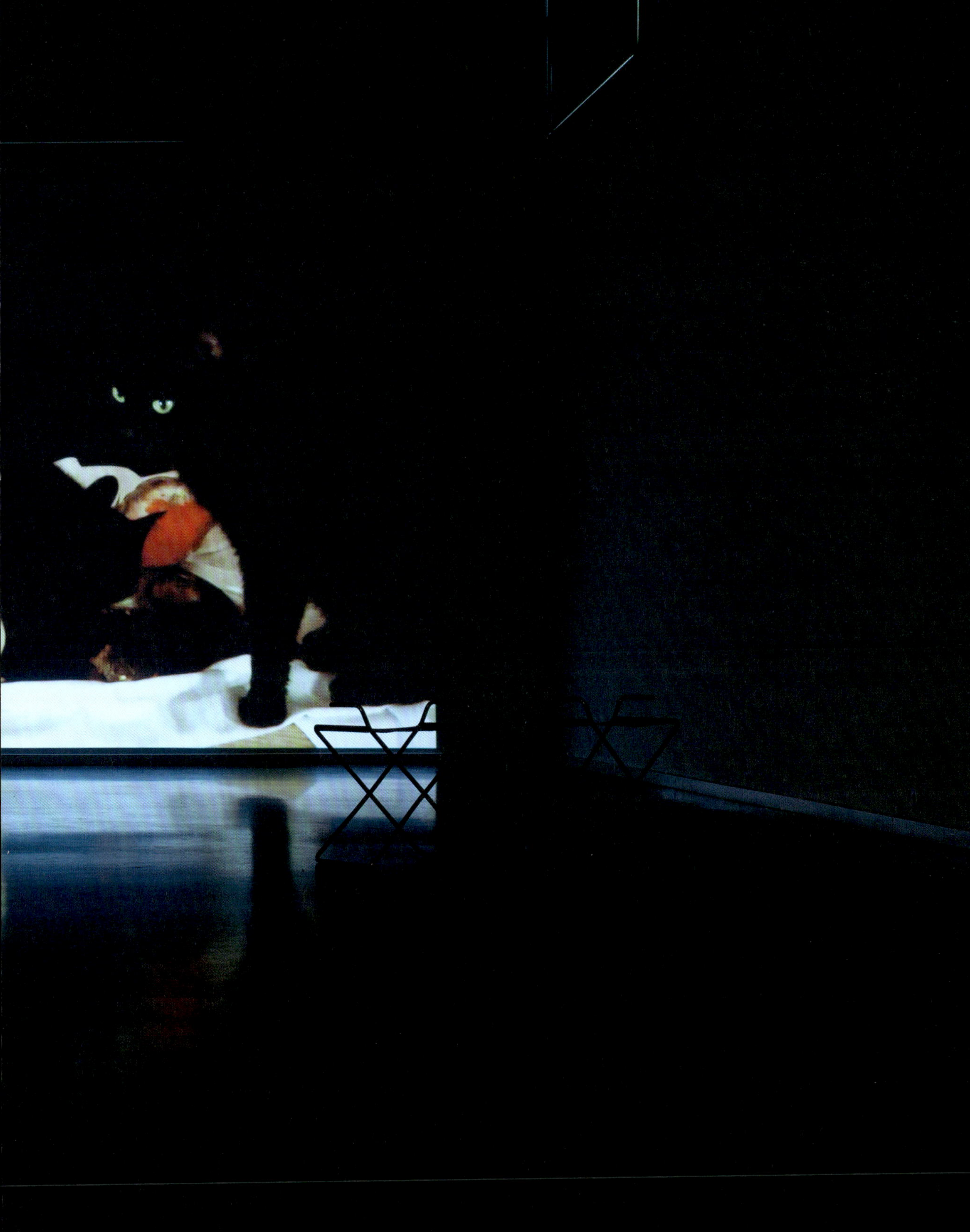

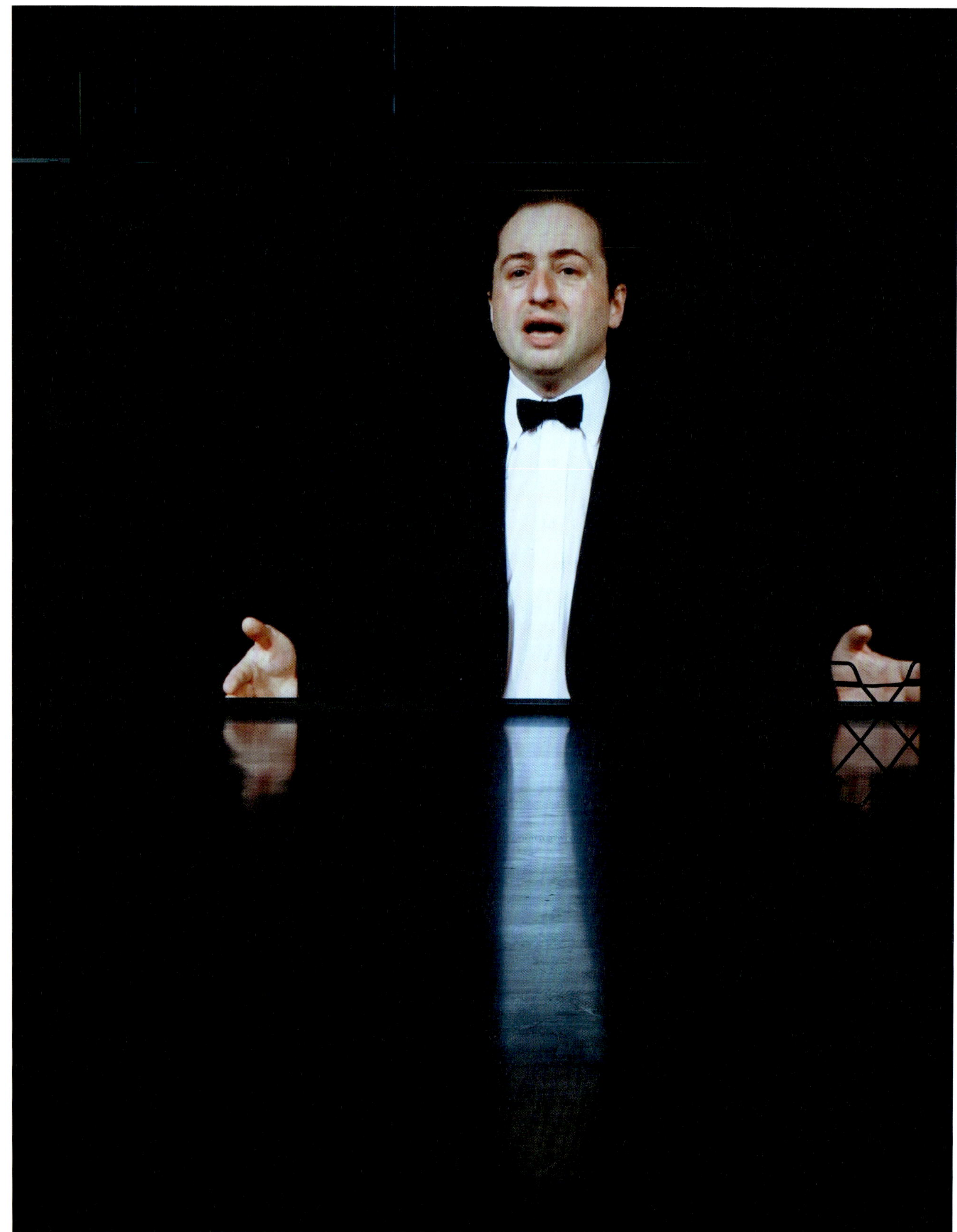

Barbara Auer,
Director Kunstverein
Ludwigshafen

Opening speech for the exhibition *As Time Goes By* at the Kunstverein Ludwigshafen

Abb. 6 / Fig. 6

100 Songtitel, 2012
Ausstellungsansicht / exhibition view
Kunstverein Ludwigshafen,
Full HD Video
Dauer / duration 08:35

S. / p. 16

Abb. 7 / Fig. 7

Haircut, 2016,
Ausstellungsansicht / exhibition view
Kunstverein Ludwigshafen,
4K Video
Dauer / duration 30:19

S. / pp. 18, 19

Abb. 8 / Fig. 8

Ausstellungsansicht / exhibition view
Kunstverein Ludwigshafen

S. / pp. 20, 21

Abb. 9 / Fig. 9

Ausstellungsansicht / exhibition view
Kunstverein Ludwigshafen

S. / pp. 22, 23

Opening speech for the *As Time Goes By* exhibition at the Kunstverein Ludwigshafen

(...)
In this exhibition, we see twelve videos that have been produced in recent years. In addition, a small selection of graphic works and objects related to the video works can be seen.

But first, to the videos, which deal in very different ways with the phenomenon of time, which is closely connected to the medium of film. Film depicts time. Film opens spaces in which different variations of temporality can be experienced with the senses – it is the central theme of Björn Drenkwitz's video art.

In an almost exemplary way, Björn Drenkwitz demonstrates this characteristic inherent in the medium with the video *Seestück (Seapiece)*. The work is a reference to nineteenth century painting. In *Seestück* the artist cites the classical compositional scheme of landscape painting using a composition of the image with fore, middle, and background (beach, sea, sky). Three planes of time are connected with each other here: on the beach, two indistinct women can be seen dancing in slow motion, the surf of the sea can be seen in real time, while the yellowish glowing evening sky darkens into threatening black very quickly in a time lapse. Like a kind of didactic play, the video demonstrates these possibilities of interlacing different planes of time, which lend the film a mysterious, eerie atmosphere.

In general, Björn Drenkwitz's films often appear simple, at first glance they may seem somewhat austere, the setting is clearly defined, the camera is statically and frontally directed at the protagonist, the background neutral. What they all have in common, and what thwarts the viewer's expectations at the same time, is that no stories are told here, the artist renounces any narrative element.

Rather, all works are based on clear conceptual decisions, lending the work its very own signature. The focus is always on the protagonists to whom the collective attention is directed. Drenkwitz enjoys working with actors and, more recently, with singers. They are given clear stage directions as to what they have to do. In the video *Federleicht (Featherweight)*, for example, you can see a bird's feather lying on the hand of an outstretched arm. The artist's only instruction was for the actor to hold his arm out until his strength diminishes and his arm sinks. The process takes seven minutes. These are often "physical exercises" of great bodily exertion, coupled in the most recent works with the recitation of complex philosophical texts. A great deal is always demanded of the protagonists. There are physical exertions that often push the actors to their limits, coupled with intellectual achievements, which require enormous mental concentration.

In the work *Sein und Zeit (Being and Time)* we see a young woman running on a treadmill. The physical effort is clearly visible and audible through her breath. She runs and runs while at the same time reciting extremely complicated text from Martin Heidegger's principle work Sein und Zeit (Being and Time). An absurd connection!

Ultimately, viewers cannot follow the meaning of the text, because Heidegger's complicated language, for which he was rightly criticized, is a lofty intellectual challenge. That's not what interests the artist. What happens when it is viewed several times, however, is that individual sentences or even just words are memorized, such as temporality, existence, finiteness, endless, being, the future, the present.

The abstract "phenomenon of time" is translated into a pictorial language via simple means. It is the course of time that cannot be interrupted. The video opens the space for many interpretations, it shows the flow of time, life, our existence, which, in our accelerated time, we often seem to be chasing after and no longer allowing ourselves rest, pause. The "Vita activa" has long since outstripped the "Vita contemplativa."

In the work *Immaterielle Produktion (Immaterial Production),* an actor recites a text by Karl Marx on the role of the artist in capitalist production. What is decisive in this text is that Marx had already prophetically recognized that art production represents a transitional form to capitalist production, "in which the exploitation of labor is at its greatest," in his *Theories of Surplus-Value,* written in the middle of the nineteenth century. Figuratively, Björn Drenkwitz transfers this enormous effort and financial exploitation entailed by an artist's profession by guiding an actor to recite Marx's text while doing a headstand. However, the image was then reversed, so that one thinks that the protagonist is standing upright while he is speaking. It is only in the course of time that the enormous physical exertion under which the text is presented becomes visible. This work is ultimately a clear political statement on the current precarious situation of cultural producers in our country.

At first glance, the video *Haircut* seems like an ironic post-Dadaist performance. A large bouquet of flowers is arranged as a still life in the center of the film. What then happens is so absurd that one has to look several times to

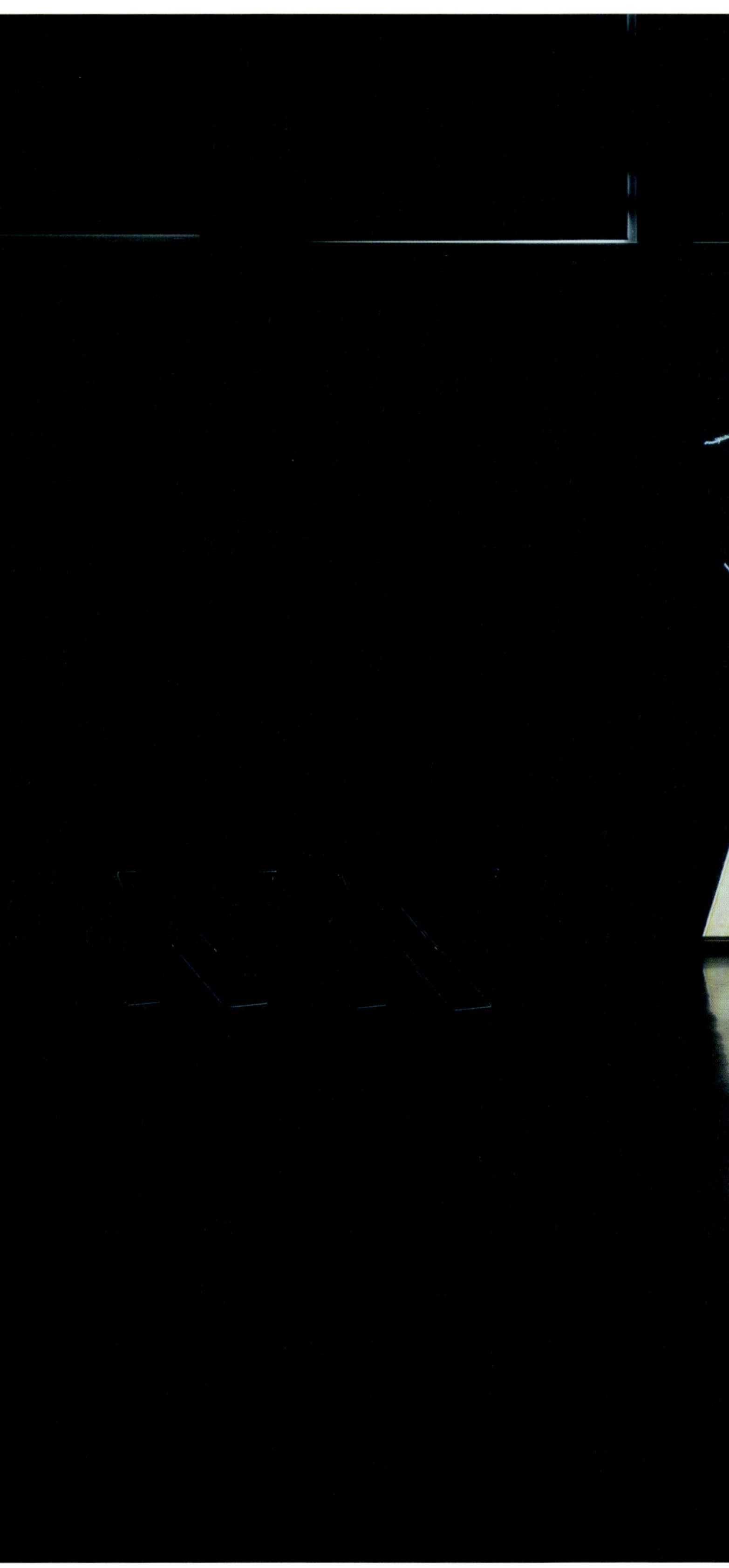

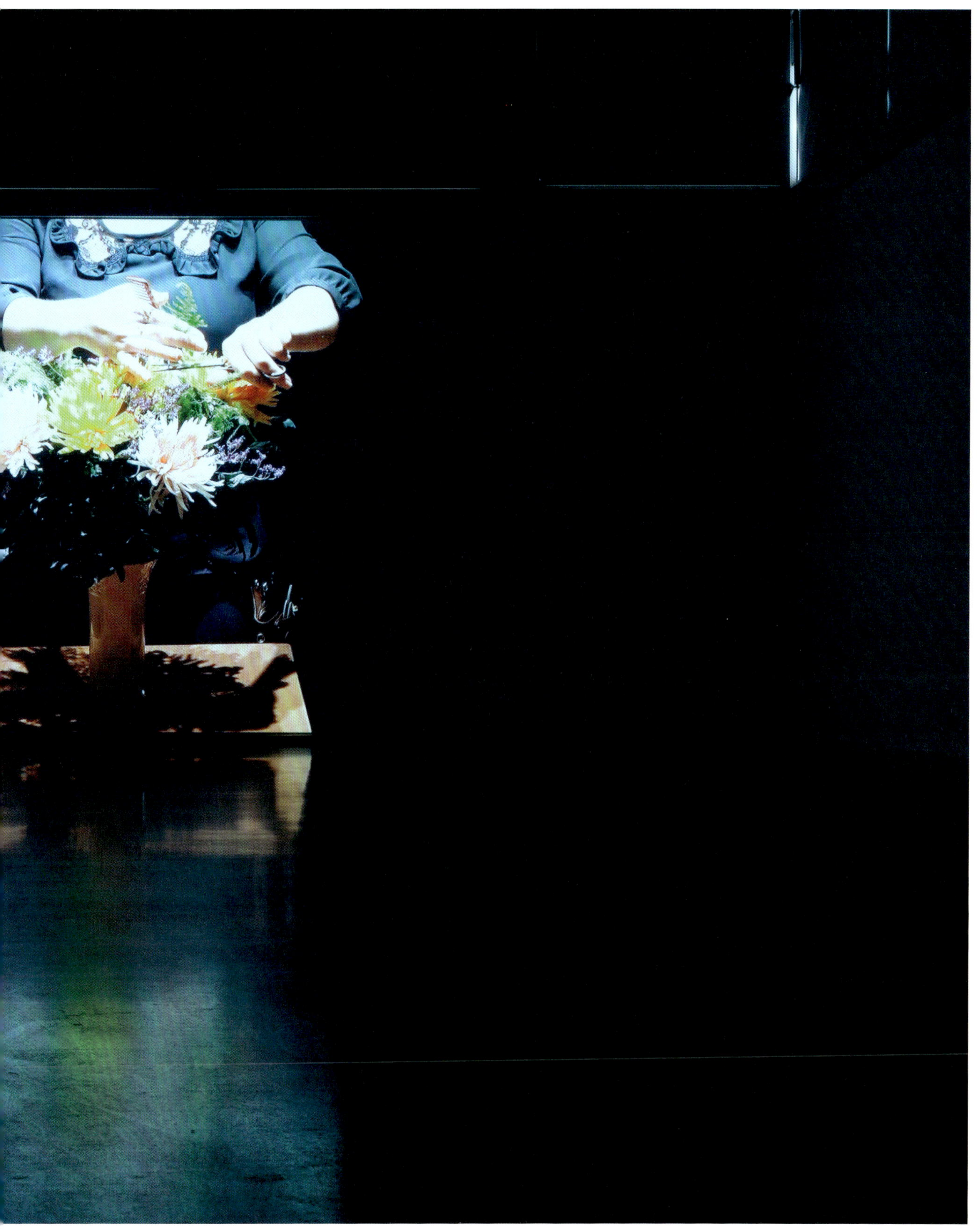

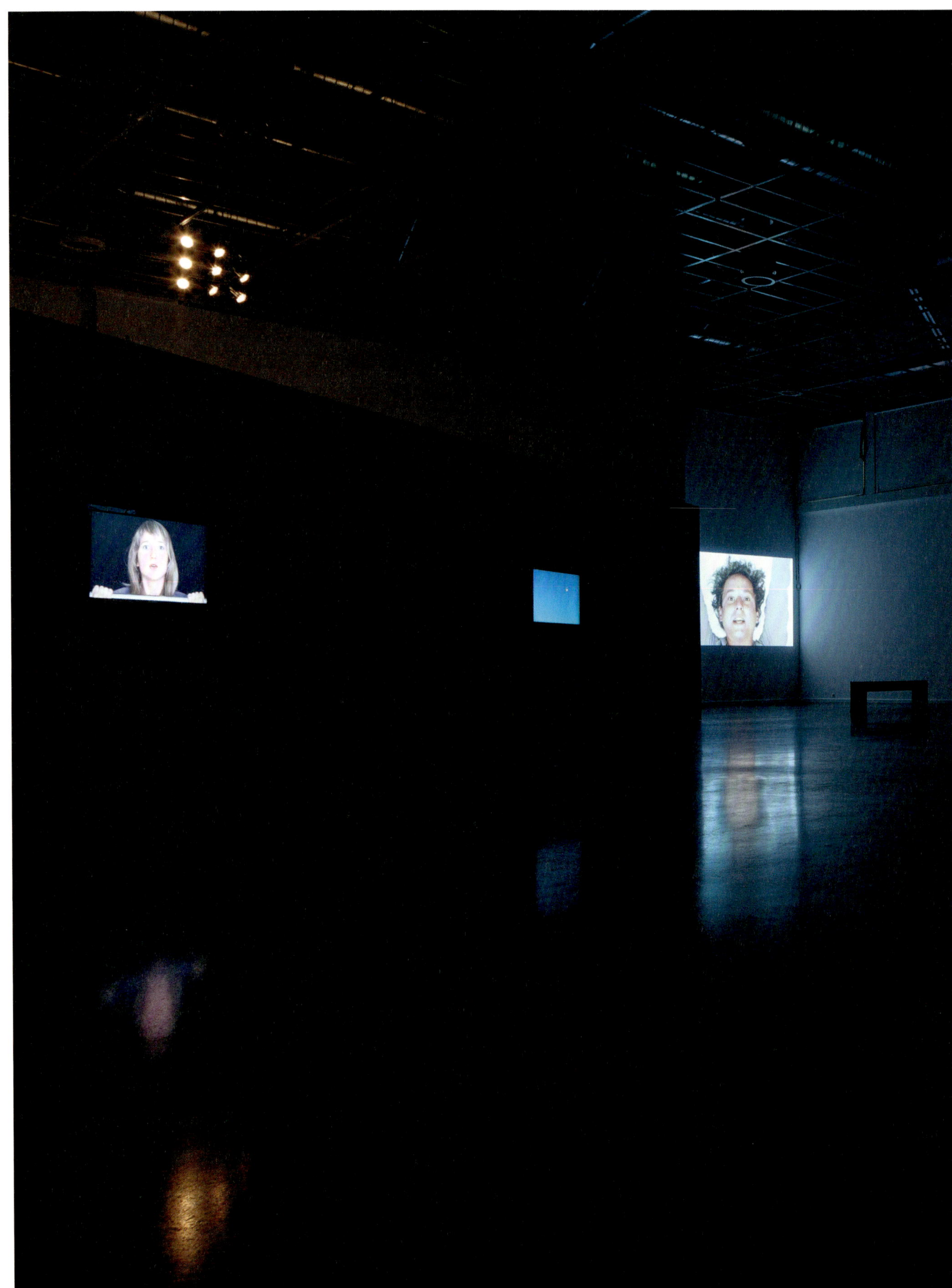

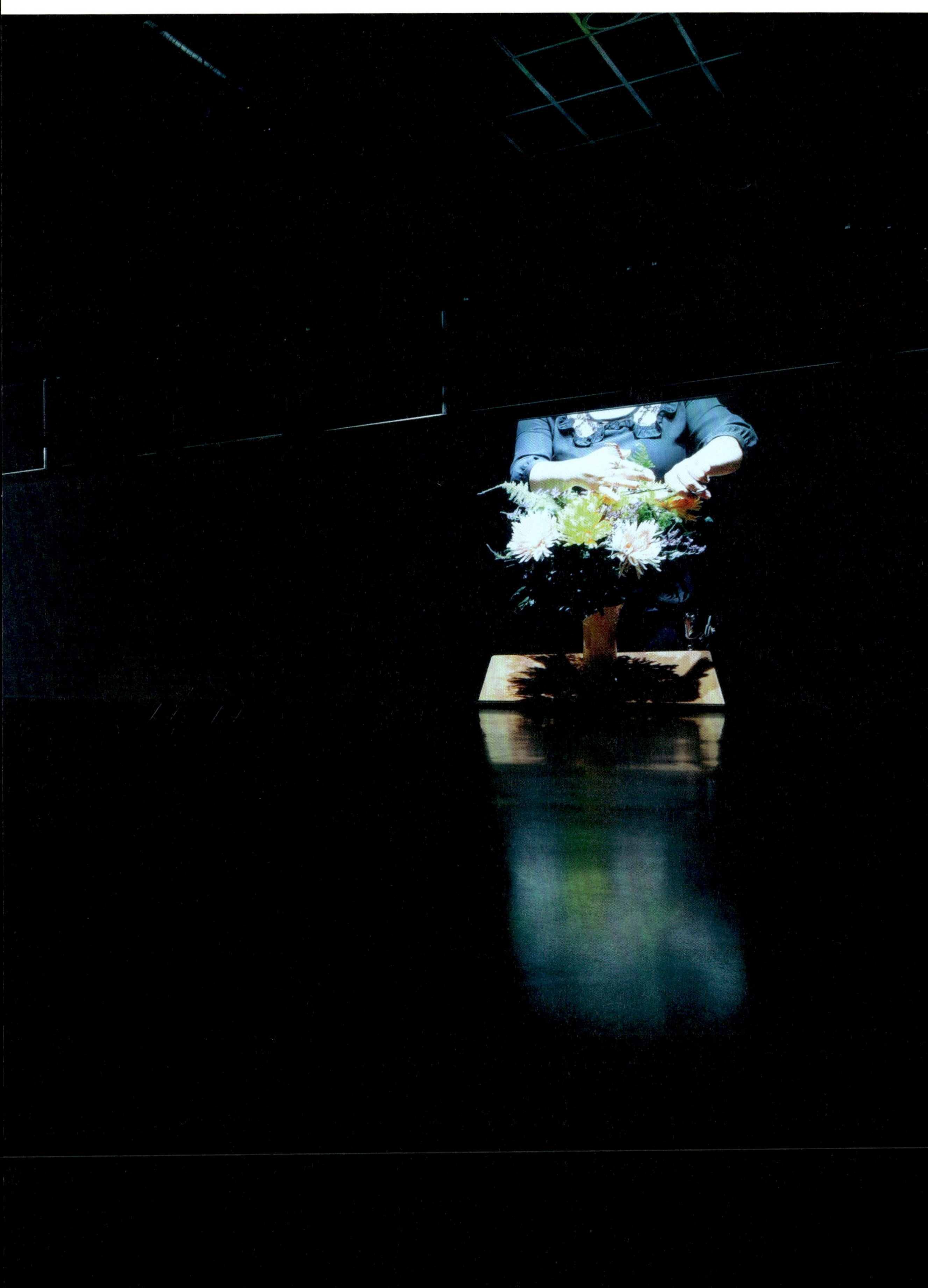

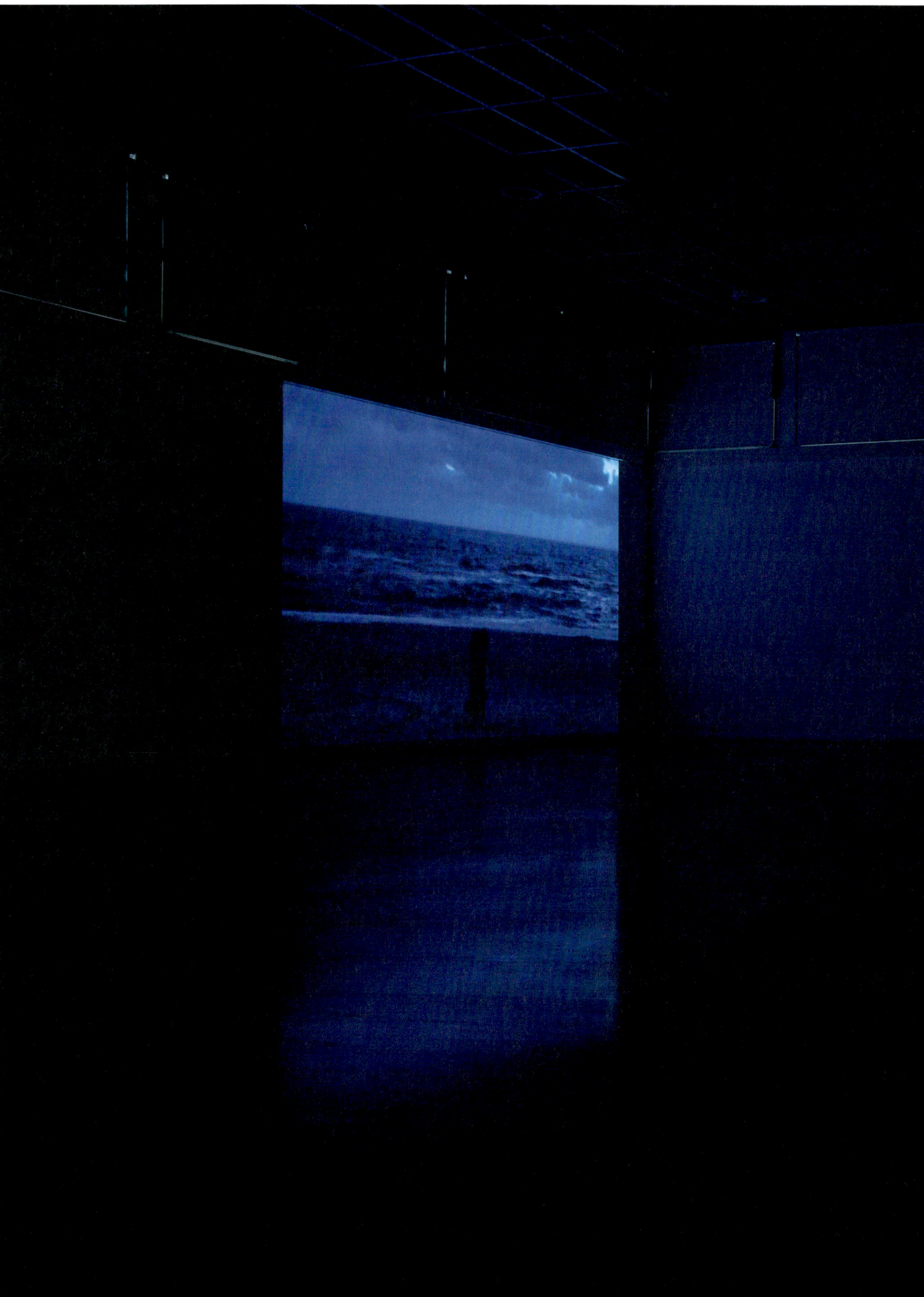

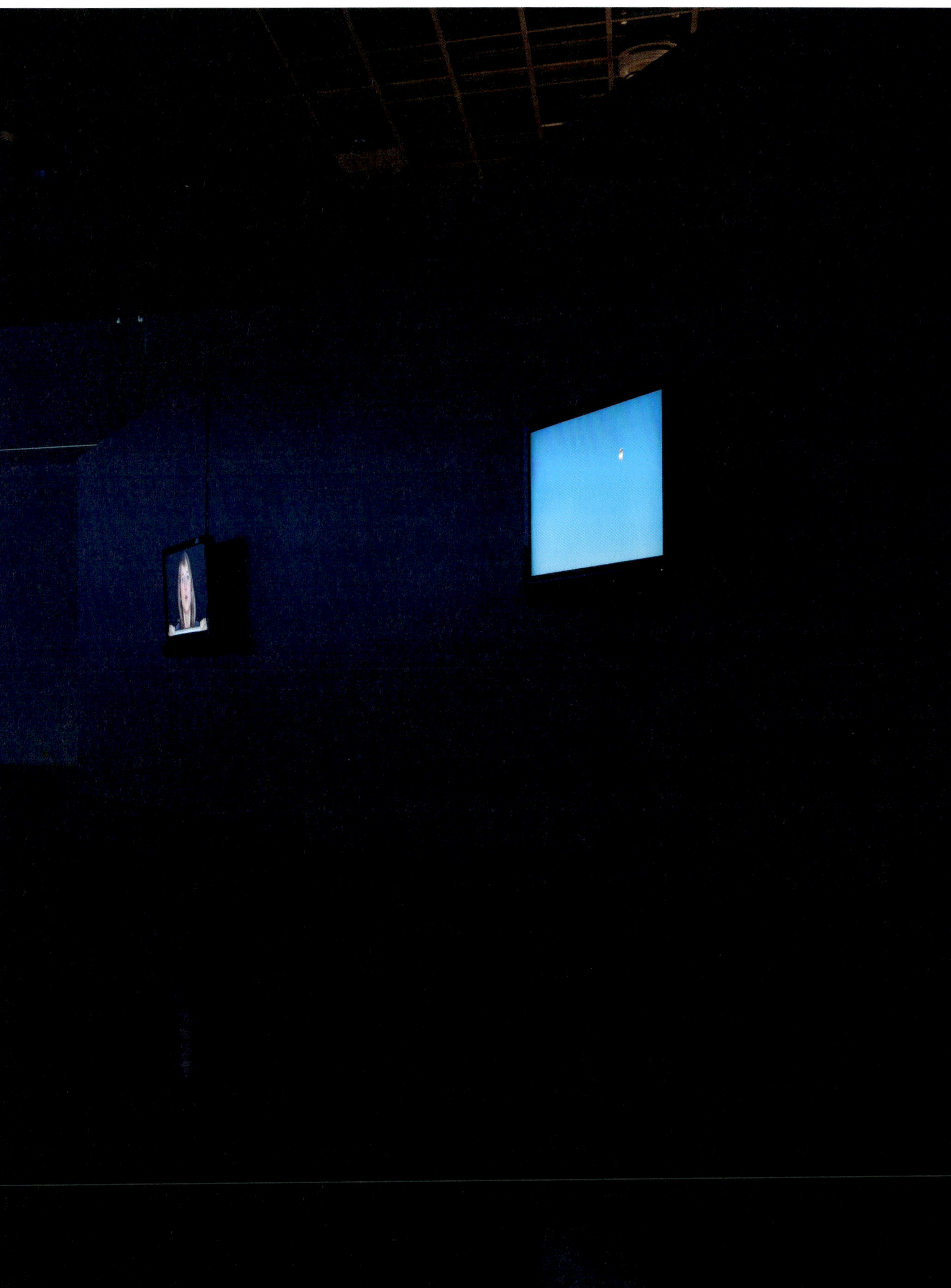

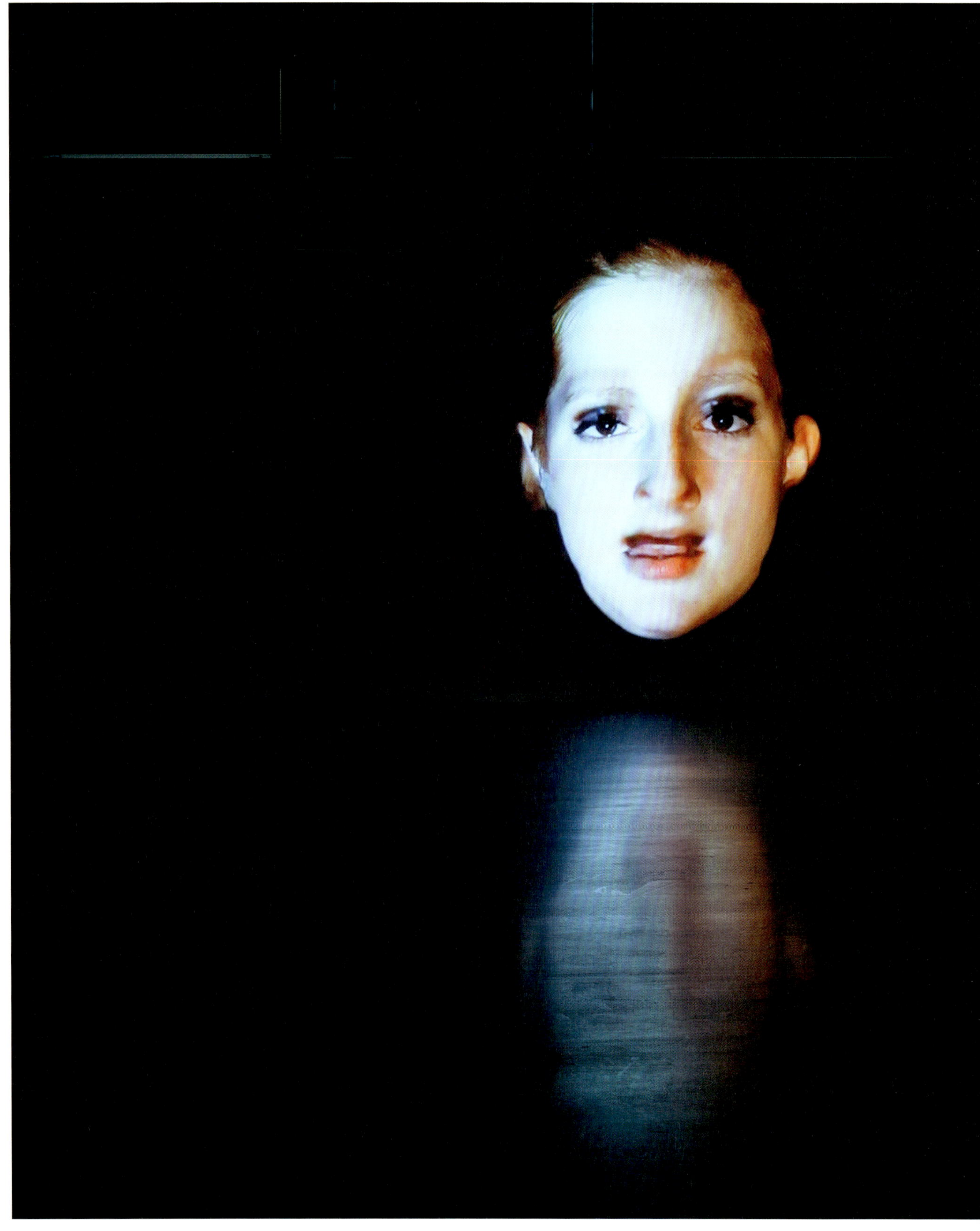

Abb. 10 / Fig. 10

Duett, 2012,
Ausstellungsansicht / exhibition view
Kunstverein Ludwigshafen,
Full HD Video
Dauer / duration 01:46

S. / pp. 24, 25

Abb. 11 / Fig. 11

Echo (Wir sind das Volk), 2011/12,
Ausstellungsansicht / exhibition view
Kunstverein Ludwigshafen,
Montierte Screenshots, UV-Direktdruck auf Aluminium-Dibond / modified screenshots, UV-directprint on aluminium dibond,
284 x 30 cm

S. / pp. 26, 27

Abb. 12 / Fig. 12

Meaningful Silence, 2013
Ausstellungsansicht / exhibition view
Kunstverein Ludwigshafen
Montierte Screenshots, UV-Direktdruck auf Aluminium-Dibond / modified screenshots, UV-directprint on aluminium dibond,
222 x 50 cm

S. / pp. 28, 29

Abb. 13 / Fig. 13

OK, 2012,
Ausstellungsansicht / exhibition view
Kunstverein Ludwigshafen,
Composit-Fotografie, Diasec / composite photography, diasec, 100 x 60 cm

S. / pp. 30, 31

understand that a woman, equipped with scissors and a comb, actually gives the bouquet a haircut, one could also say that the arrangement is trimmed. The whole thing appears to be playful and light at first, the longer you follow the aggressive cuts of the scissors, the more oppressive the scenery becomes. The organically round forms of the blossoms are brought in façon, become "against the laws of nature," geometric forms, cubes, and cuboids. Isn't it also man's urge to make nature his own, to manipulate it, to domesticate it? What initially seems funny and encourages laughter becomes, the longer you watch the video, an utterly oppressive situation.

Finally, I would like to take a brief look at the graphic works, which are only examples of another aspect of Björn Drenkwitz's work. The processes and insights thematized in the videos are transferred to other media, such as the transformation of acoustic frequencies into visual structures. For these, the artist uses original audio recordings, which he then translates into graphic representations. The work *Echo* deals with socially relevant key phrases that stand for political transformations, changes, such as "Yes we can" or the quote "Wir sind das Volk" (We are the people). The retranslation of a tone into a graphic pattern, in turn, releases images in the viewer: images that we all have stored in our collective memory.

We see the same procedure, i.e. the translation of acoustic information into visual information, in the work Meaningful Silence. The graphic line on a black background traces the last milliseconds of silence before the atomic bomb detonated on Hiroshima on August 6, 1945. According to the artist, the work shows "the last moments of a time gone by and innocence lost." Björn Drenkwitz is a border crosser between the media of music, visual and performing arts, literature, and philosophy. He is an "artist of ideas," one must always think "around the bend"

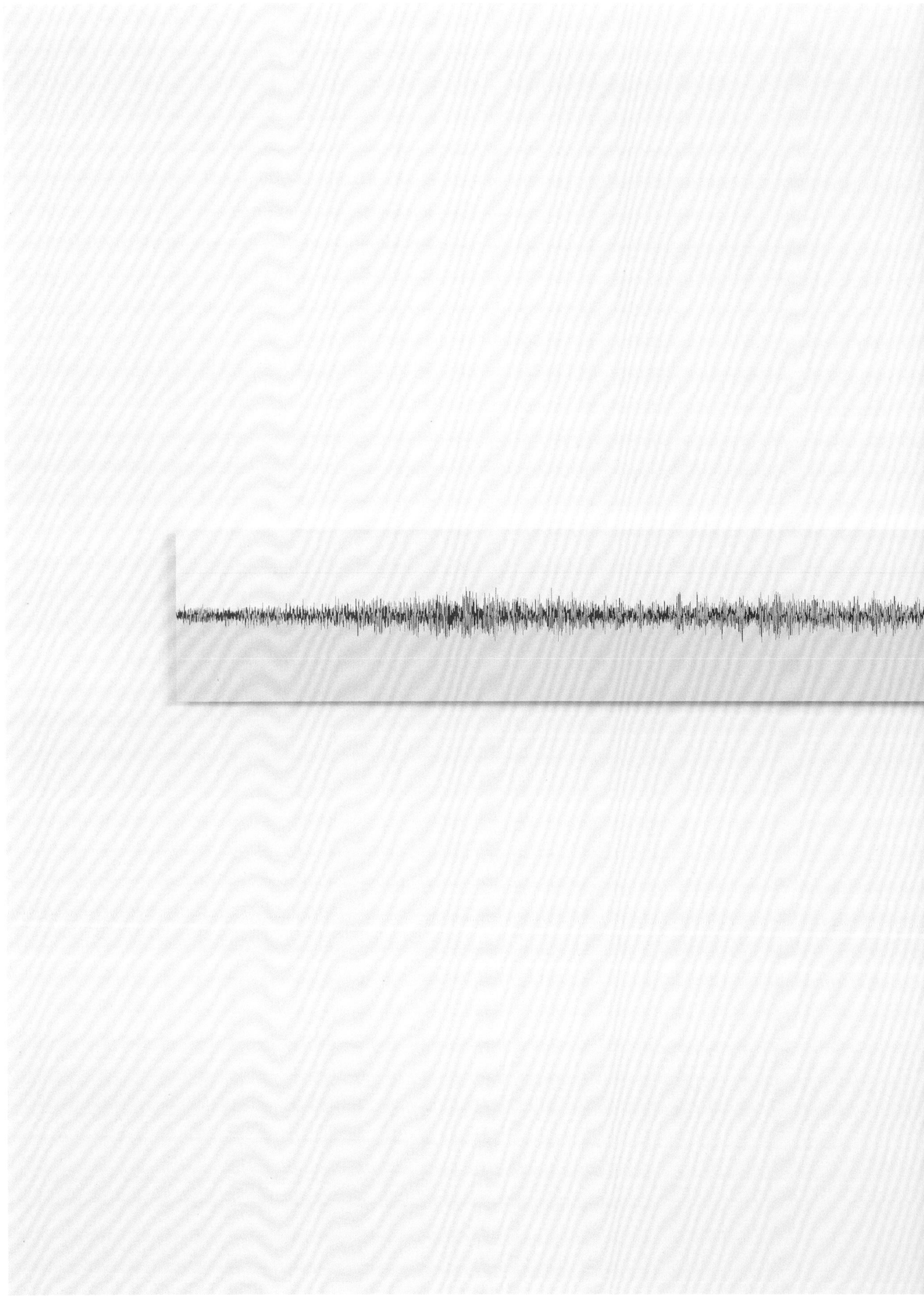

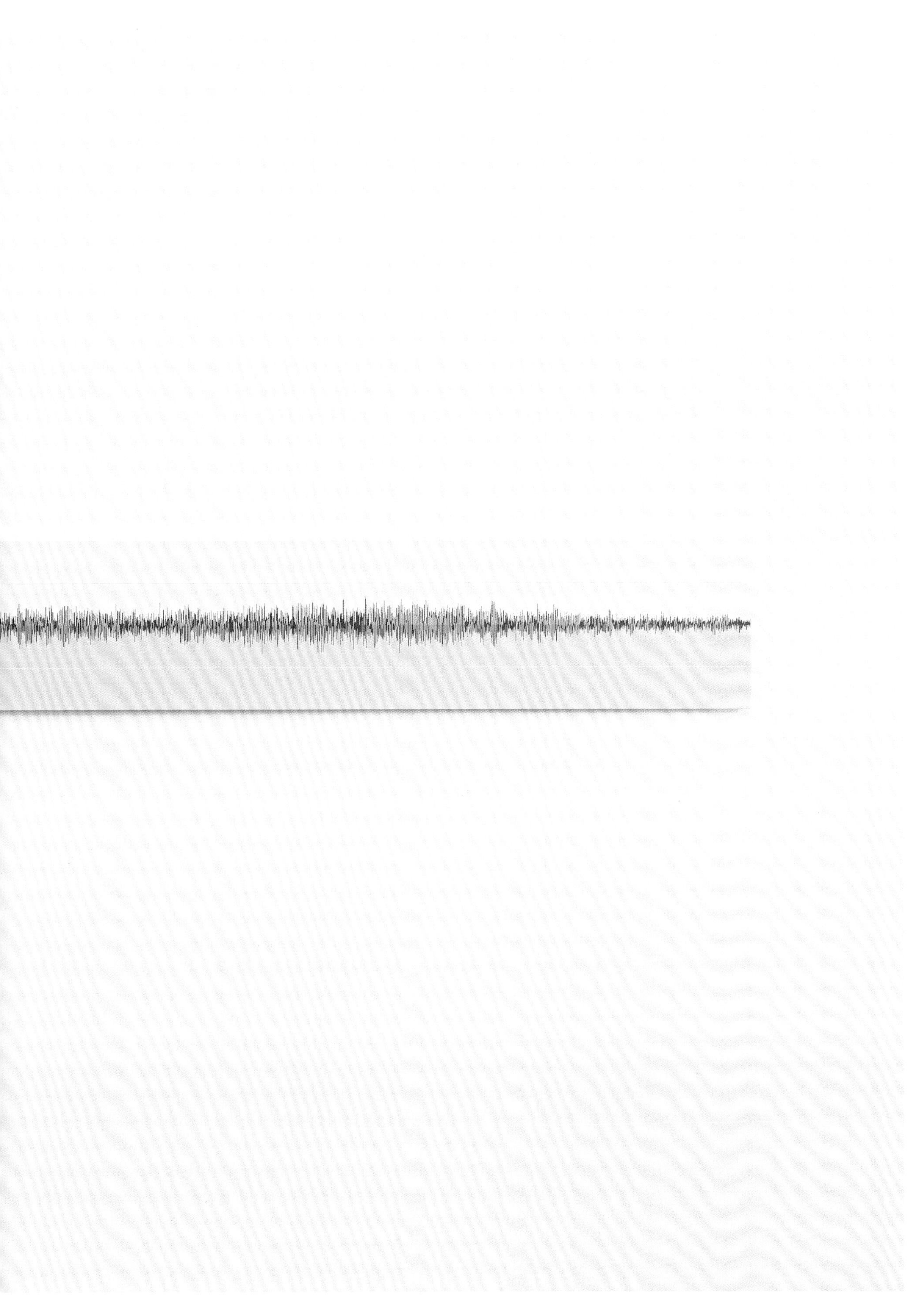

with his works to grasp the often bitingly ironic background flavor, his criticism of social conditions and developments. He does this with great seriousness and consistency. (...)

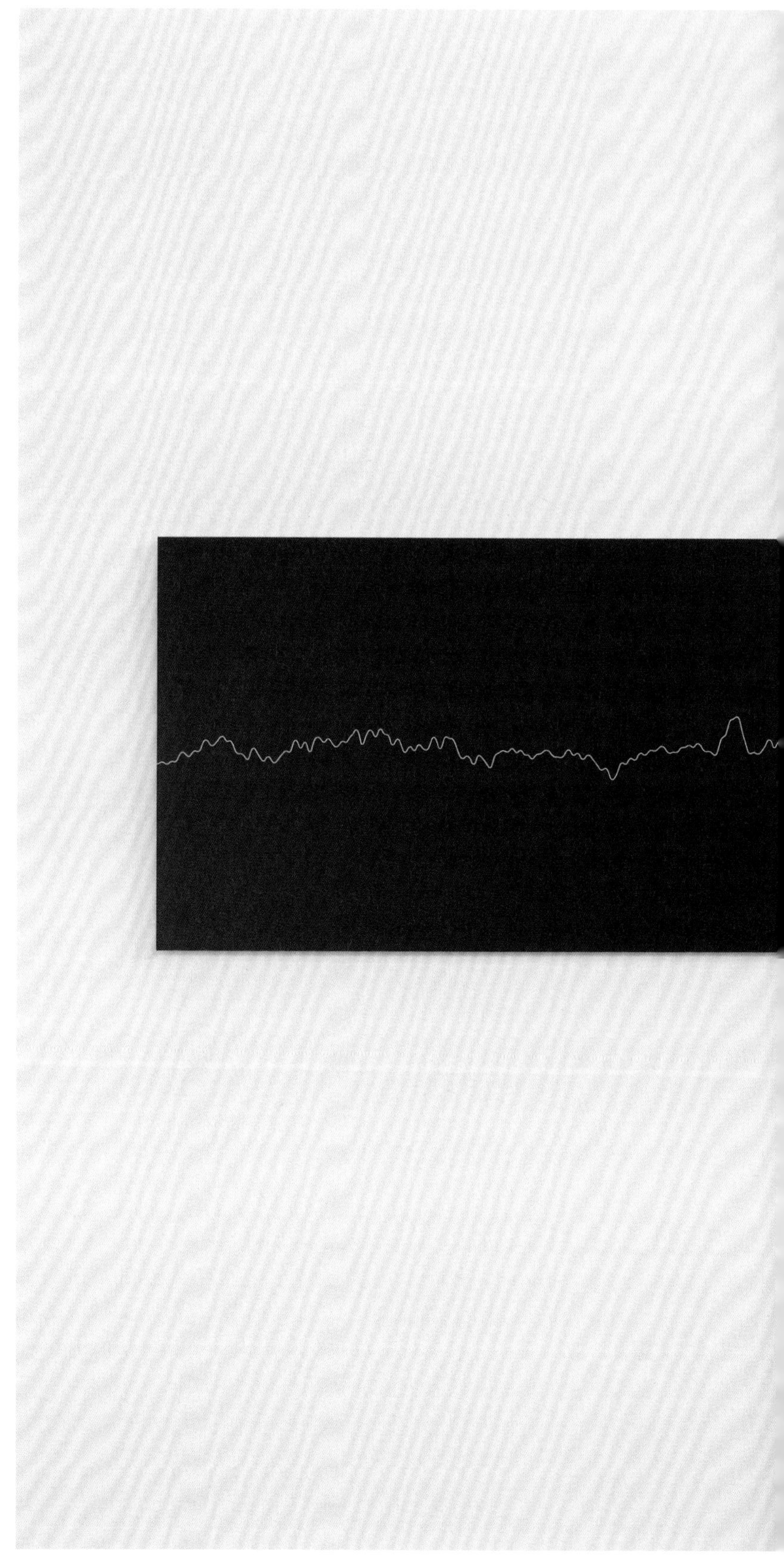

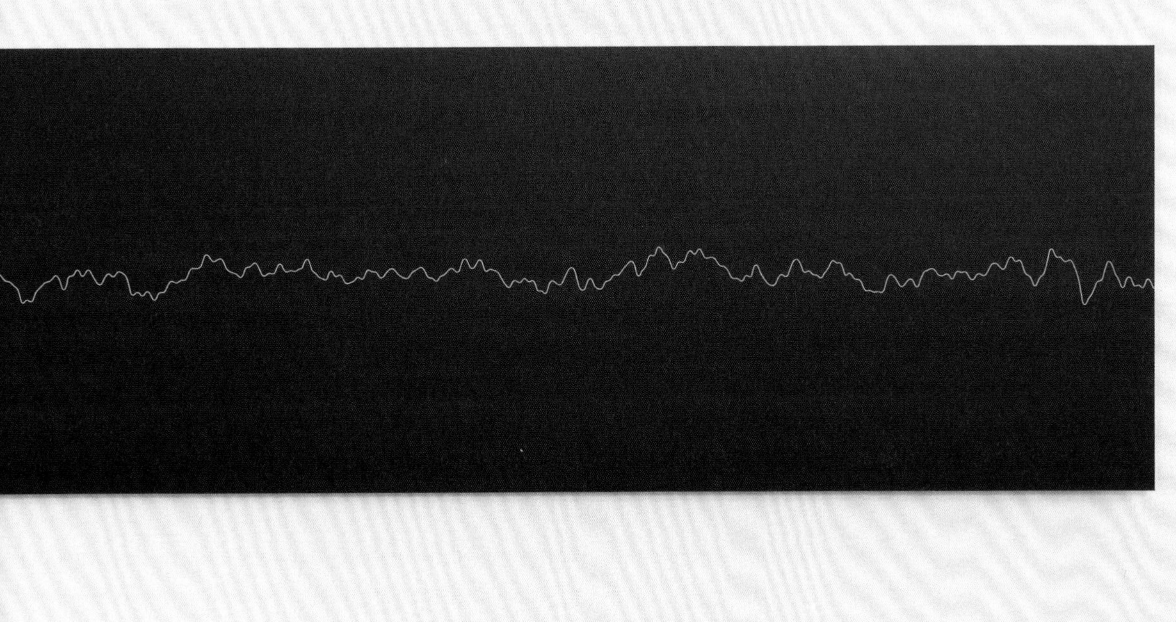

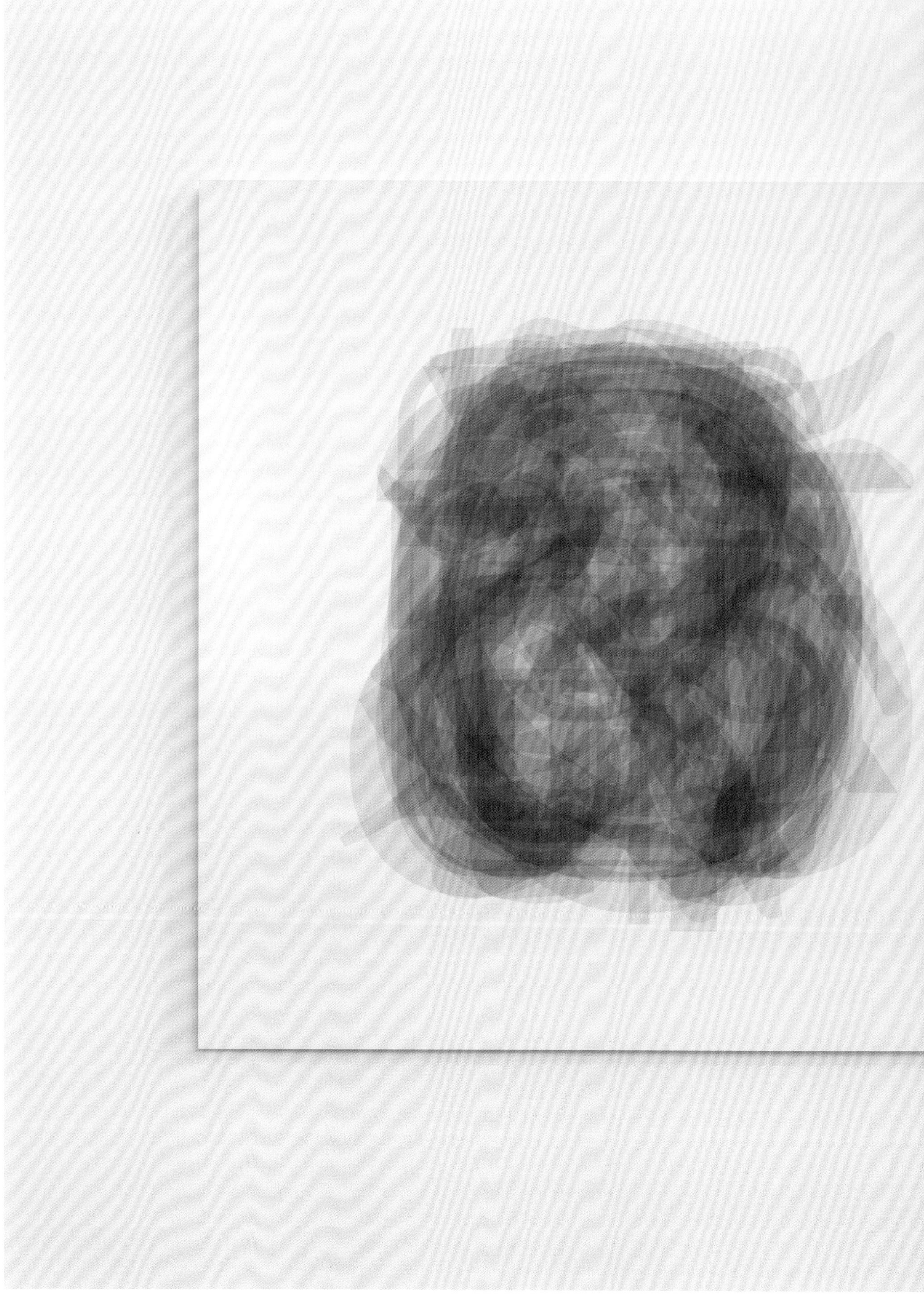

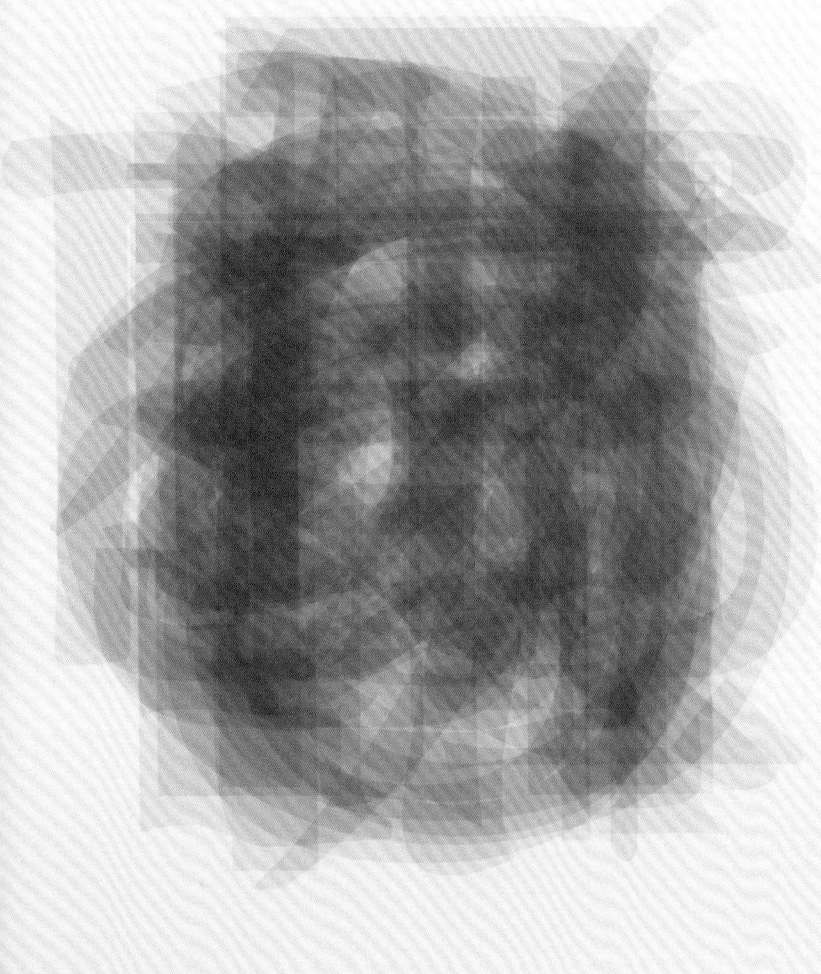

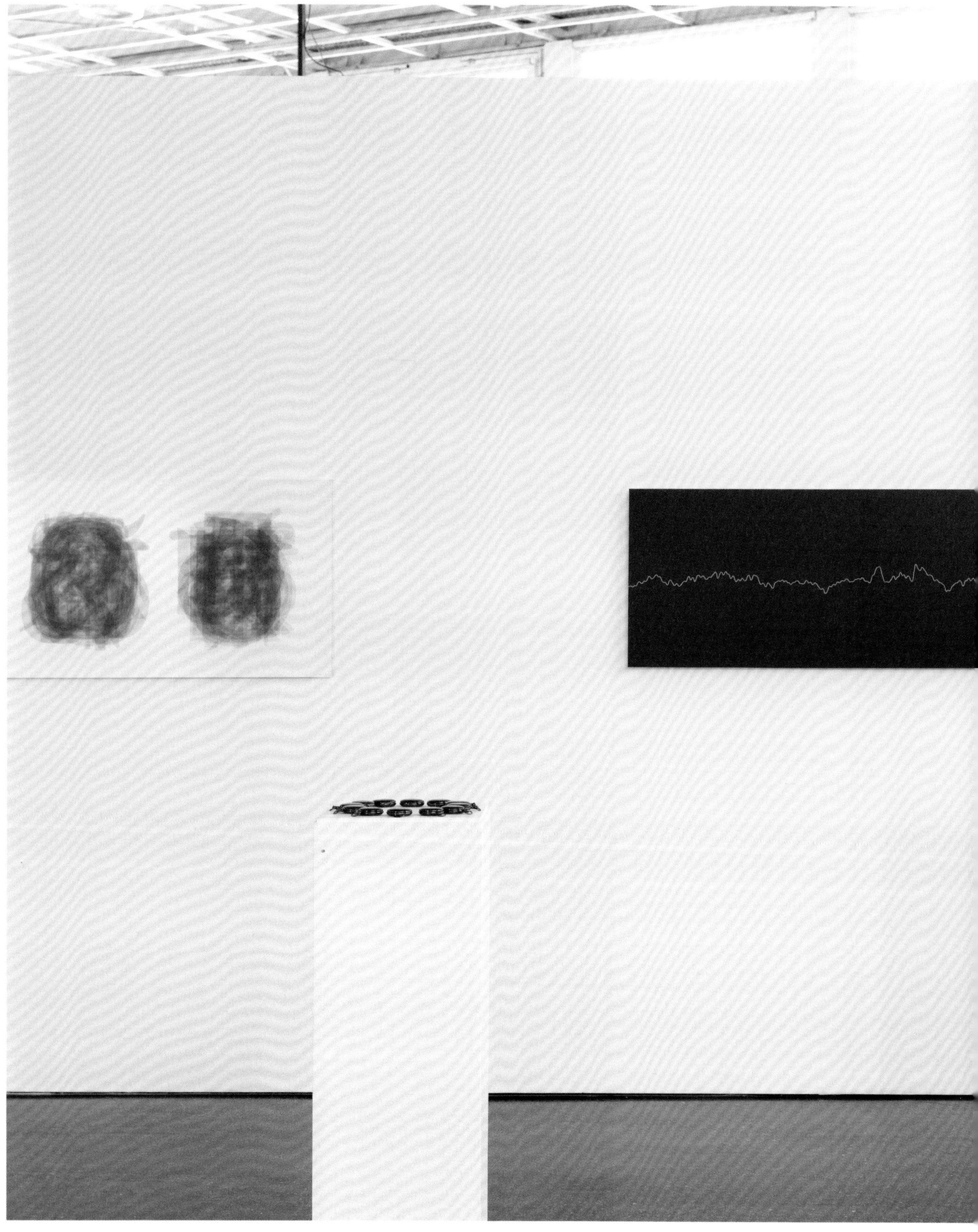

Abb. 14 / Fig. 14

Ausstellungsansicht / exhibition view Kunstverein Ludwigshafen

S. / pp. 32, 33

Abb. 15 / Fig. 15

The Rest Is Silence, 2015, Ausstellungsansicht / exhibition view Kunstverein Ludwigshafen, vier gravierte Baseball-schläger / four engraved baseball bats, audio installation, circa 400 x 10 x 10 cm

S. / pp. 34, 35

Abb. 16 / Fig. 16

The Rest Is Silence 2015, Detail, Ausstellungsansicht / exhibition view Kunstverein Ludwigshafen, vier gravierte Baseball-schläger / four engraved baseball bats, audio installation, circa 400 x 10 x 10 cm

S. / p. 36

Abb. 17 / Fig. 17

As Time Goes By, 2014, Ausstellungsansicht / exhibition view Kunstverein Ludwigshafen, zwölf gravierte Taschen-uhren / twelve engraved pocket watches

S. / p. 37

Abb. 18 / Fig. 18

Ausstellungsansicht / exhibition view Kunstverein Ludwigshafen

S. / pp. 38, 39

Abb. 19 / Fig. 19

Ausstellungsansicht / exhibition view Kunstverein Ludwigshafen

S. / pp. 40, 41

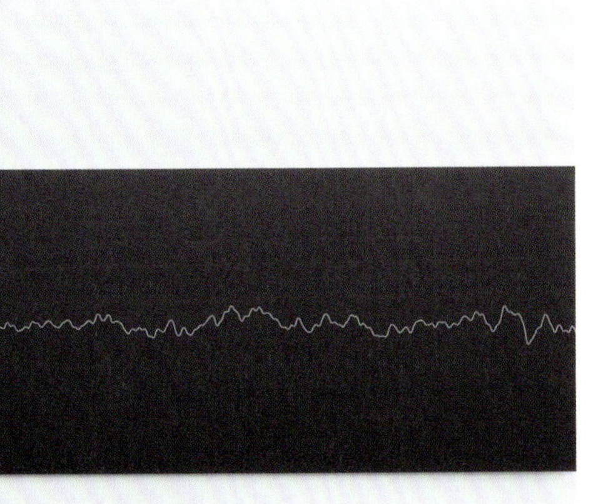

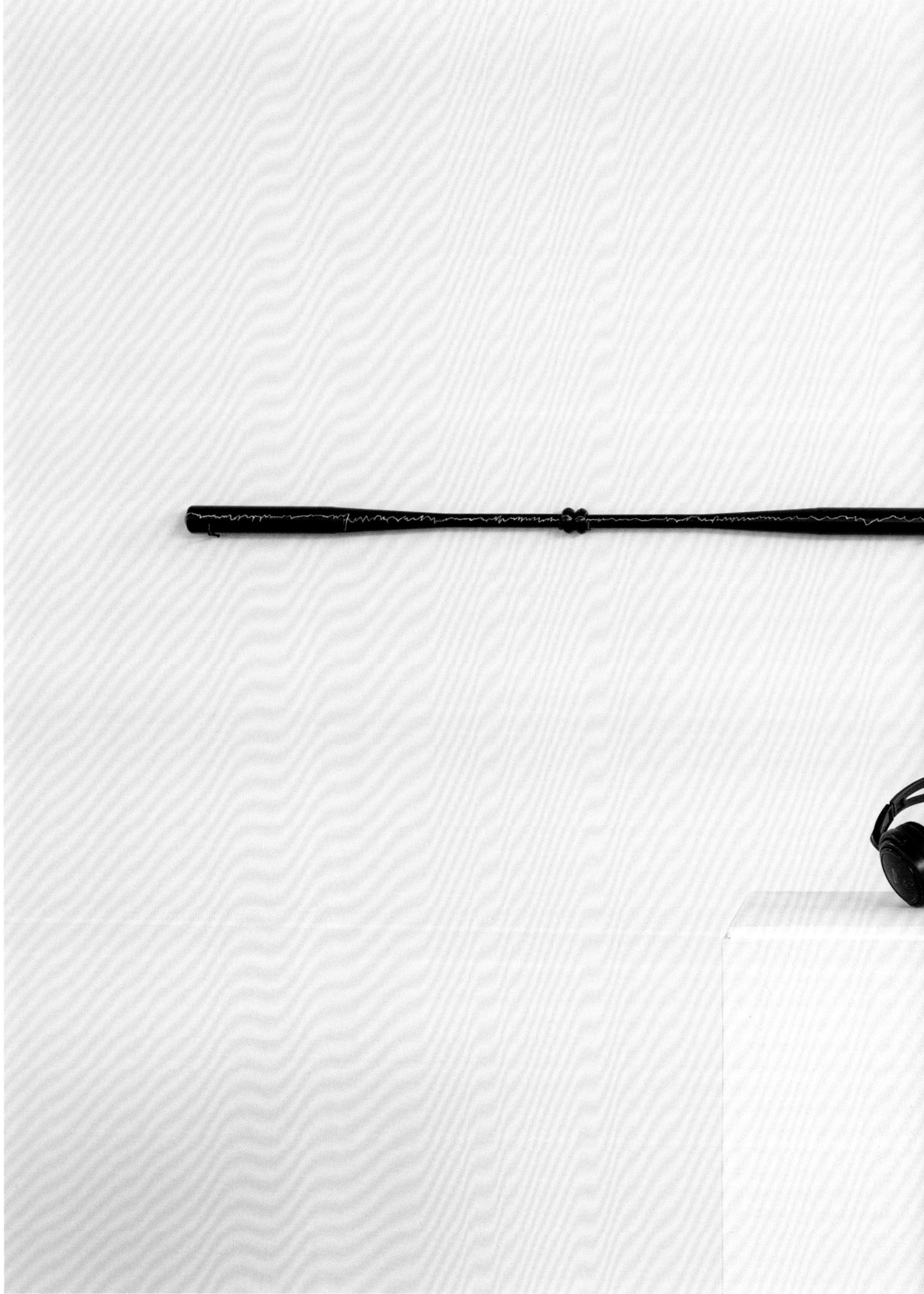

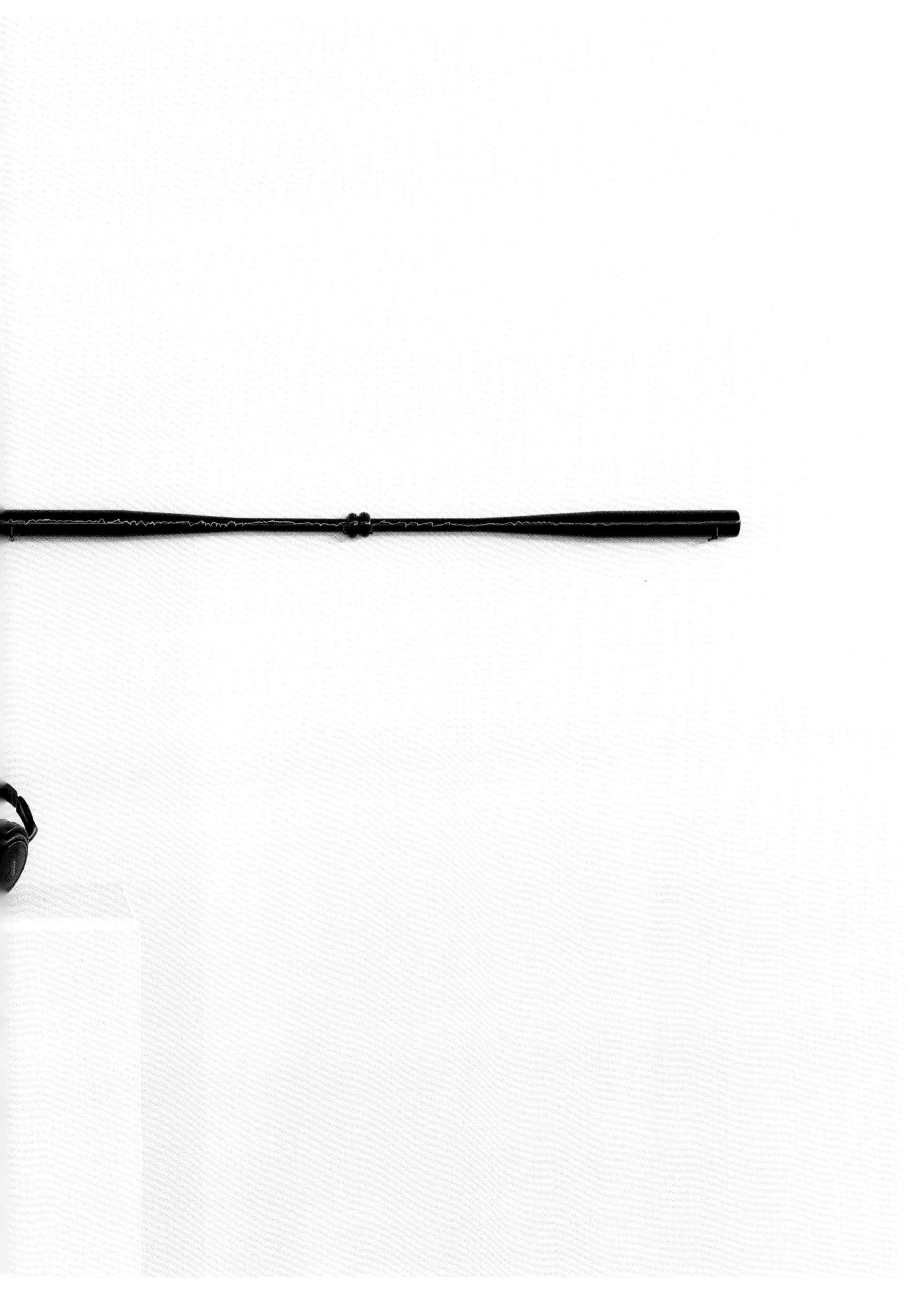

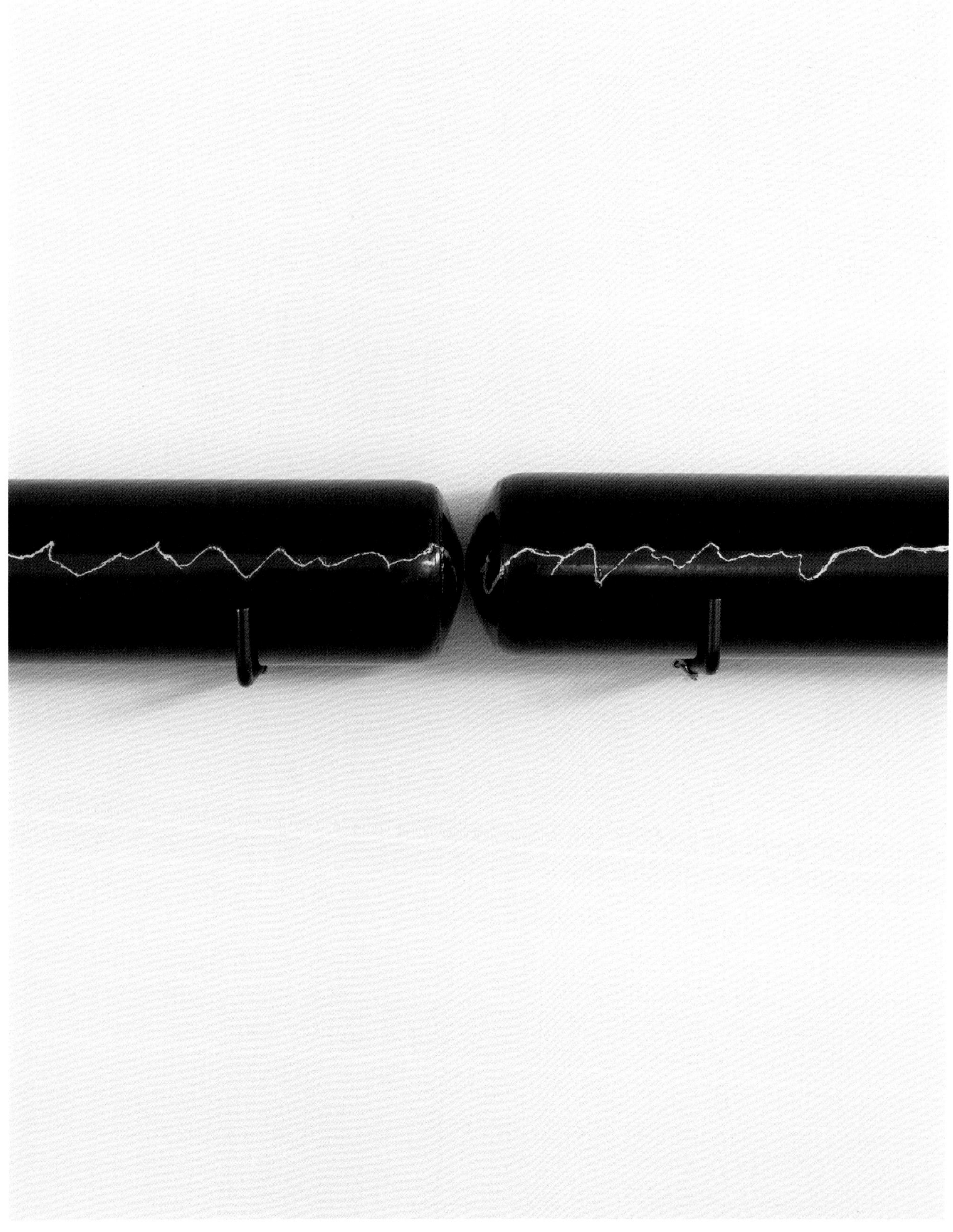

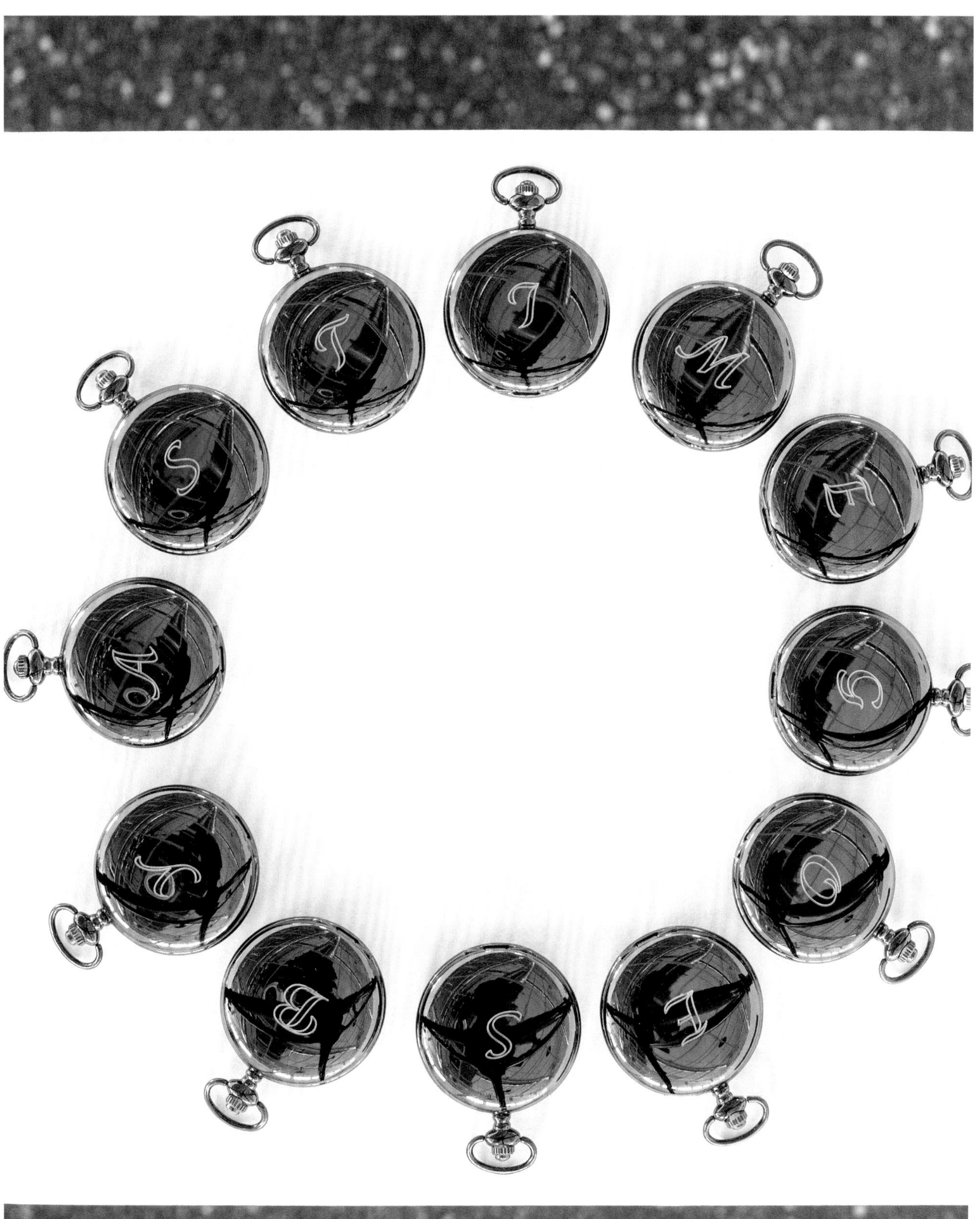

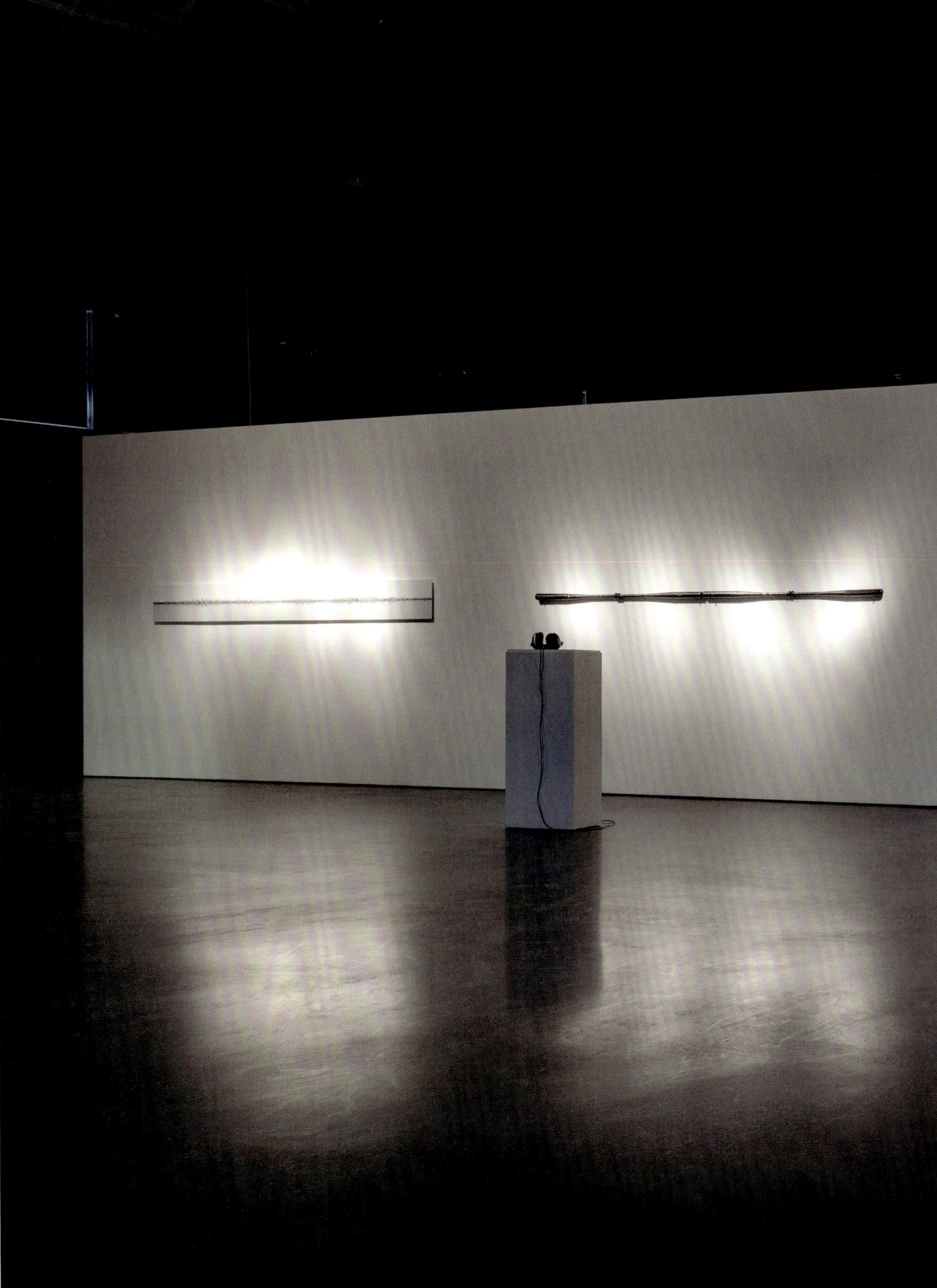

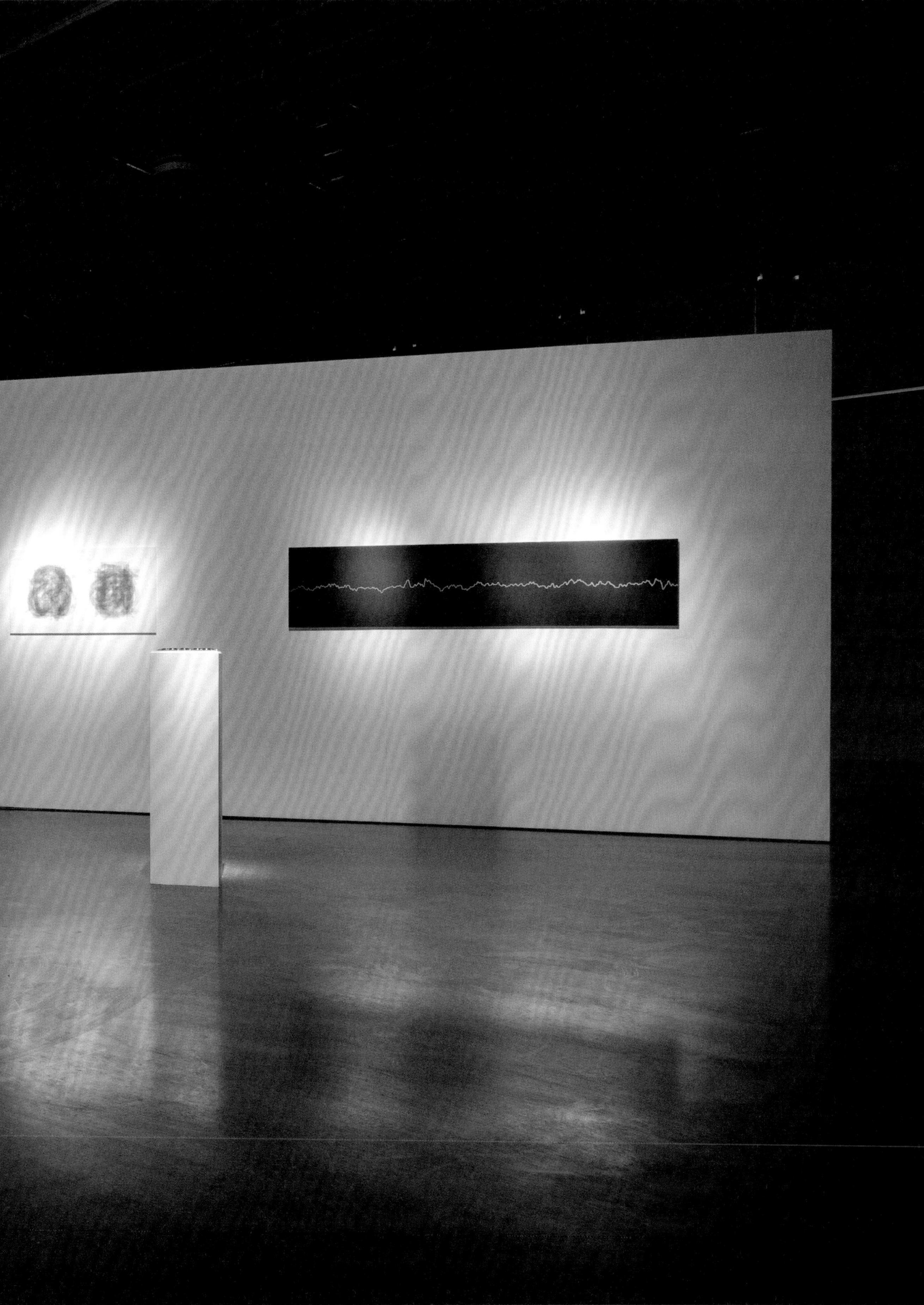

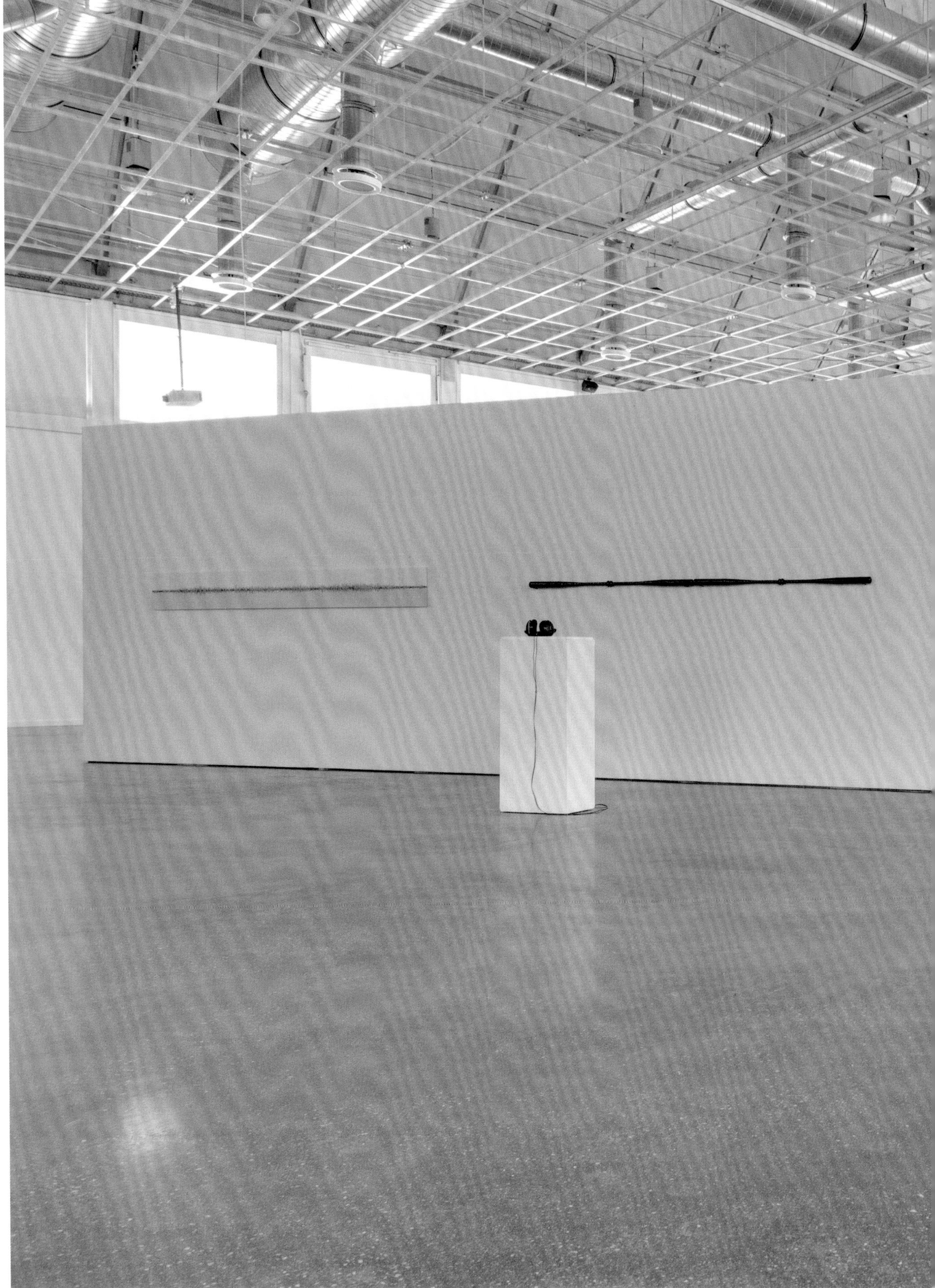

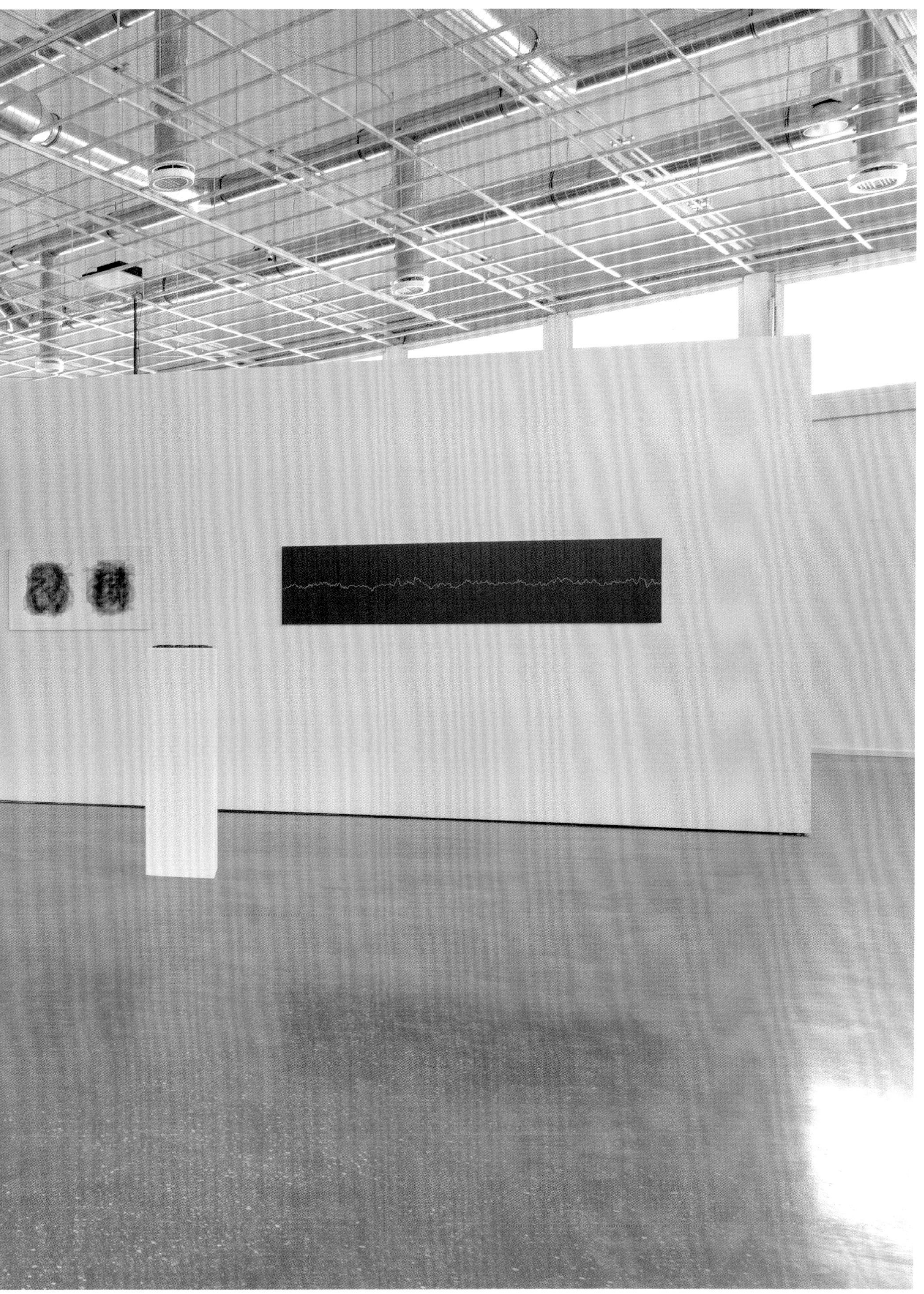

Komplexe Ide
Identities

Marco Hompe
Museumsleite
Director, Muse

titäten / Complex

/ Museum
um Villa Rot

Komplexe Identitäten

Marco Hompes,
Museumsleiter
Museum Villa Rot

Vielfach wird heute die Meinung vertreten, unsere Welt werde immer komplexer. In der aktuellen, auch als „Zweite Moderne"[1] bezeichneten Epoche, so die Meinung, gebe es keine einfachen Antworten mehr, weil die „unvorstellbare Globalität"[2] nicht mehr in einfache Bilder oder Kategorien zu fassen sei. Das alte Vorstellungsmodell des Baumes mit Wurzeln, einem Stamm und mehreren Abzweigungen wurde durch das Bild des unvorhersehbaren Rhizoms ersetzt, welches scheinbar ohne erkennbare Ordnung Plateaus ausbildet und sich vernetzt.[3] Angesichts der rasend schnellen technologischen, politischen und digitalen Entwicklungen scheint das wild wuchernde Rhizom tatsächlich das bessere Weltbeschreibungsmodell zu sein als ein linear ausgerichteter Entwurf.

Folgt man dieser virulenten Logik einer wachsenden und nicht mehr auseinander dividierbaren Komplexität, dann geraten vormals feste Ordnungen, nach denen Raum, Zeit und Wachstum strukturiert sind, ins Wanken.

Egal, ob man diese Zustandsbeschreibung der Komplexität nun als präzise Gegenwartsanalyse oder schlicht als „Mythos" begreift;[4] dass es keine simplen Formeln zur Weltbeschreibung (mehr) zu geben scheint, darin sind sich die meisten einig. Die neu deklarierte Vielheit hat auch Auswirkungen auf die Kunst: Bildmassen, wilde Kombinationen aus Fundstücken unterschiedlichster Herkünfte, gigantische Bildwerke und Materialschlachten sind mitunter die Folge. Wie gesagt, für die „unvorstellbare Globalität" gibt es keine einfachen Bilder, oder doch? Ein Künstler, dem es immer wieder gelingt, hochkomplexe Zusammenhänge in eine greifbare Form zu bringen, ist Björn Drenkwitz. Mit nur einem Bild, einem Video oder einer Installation schafft er es, geopolitische, historische oder philosophische Zusammenhänge zu erklären.

Das Besondere ist dabei, dass er nicht einfach komplizierte Kontexte simplifiziert und zu leicht konsumierbaren Häppchen verarbeitet, auch wenn das auf den ersten Blick so wirken kann. Hinter der ästhetischen, nur scheinbar leicht zu durchschauenden Fassade seiner Arbeiten versteckt sich noch immer die geballte Komplexität eines Themas. Oder wie der Künstler es selbst sagt: „Ich mag es, wenn sich hinter einer Arbeit ein Fenster auftut."

Ein hervorragendes Beispiel für die Arbeitsweise des Künstlers ist das Werk *Nationalblumen*. Die Idee dahinter ist einfach: Alle Nationalblumen der Länder Europas werden in einen Topf gepflanzt. Nach einer Weile zeigt sich dann, welche Blumen blühen, welche eingehen und welche den Topf überwuchern. Ein hübsches Sinnbild für europäische Geschichte und ihre Instabilität, will man meinen. Dass sich noch viel mehr über die Arbeit sagen lässt, wurde mir bewusst, als ich sie in einer Ausstellung im Museum Villa Rot zeigte. Als ich meinen Kolleginnen von der Idee erzählte, zeigten sie sich erstaunt. Dass es neben Nationalflaggen, Nationalhymnen und Nationaltieren auch Nationalblumen gebe, sei ihnen gar nicht bewusst gewesen. Die Frage, ob Deutschland denn auch eine Nationalpflanze habe, ließ sich mit dem Hinweis auf die deutschen Cent-Münzen schnell beantworten. Die deutsche Eiche, ja richtig, die sei bekannt. Auch von der niederländischen Tulpe, der französischen Lilie, dem irischen Klee und der britischen Rose habe man natürlich schon gehört. Spätestens jedoch beim Blick auf Länder, die sich weiter südlich oder östlich befinden,

Fußnoten

1.

Vgl. Ulrich Beck und Christoph Lau (Hrsg.): *Entgrenzung und Entscheidung: Was ist neu an der Theorie reflexiver Modernisierung*, Frankfurt 2004

2.

Umberto Eco: *Im Labyrinth der Vernunft*, Leipzig 1999, S. 109

3

Vgl. Gilles Deleuze und Félix Guattari: *Tausend Plateaus. Kapitalismus und Schizophrenie*, Berlin 1992

4

Etwa Jörg Friedrich auf der Webseite der Heise Medien GmbH & Co. KG, vgl. https://www.heise.de/tp/features/Der-Mythos-von-der-zunehmenden-Komplexitaet-3391840.html (Stand: 15. August 2018)

Abbildungsverzeichnis / List of Figures

Abb. 20 / Fig. 20

Nationalblumen, 2018, Ausstellungsansicht / exhibition view
Museum Villa Rot
Installation, Durchmesser des Topfes / installation, flower pot diameter
60 cm

S. / p. 45

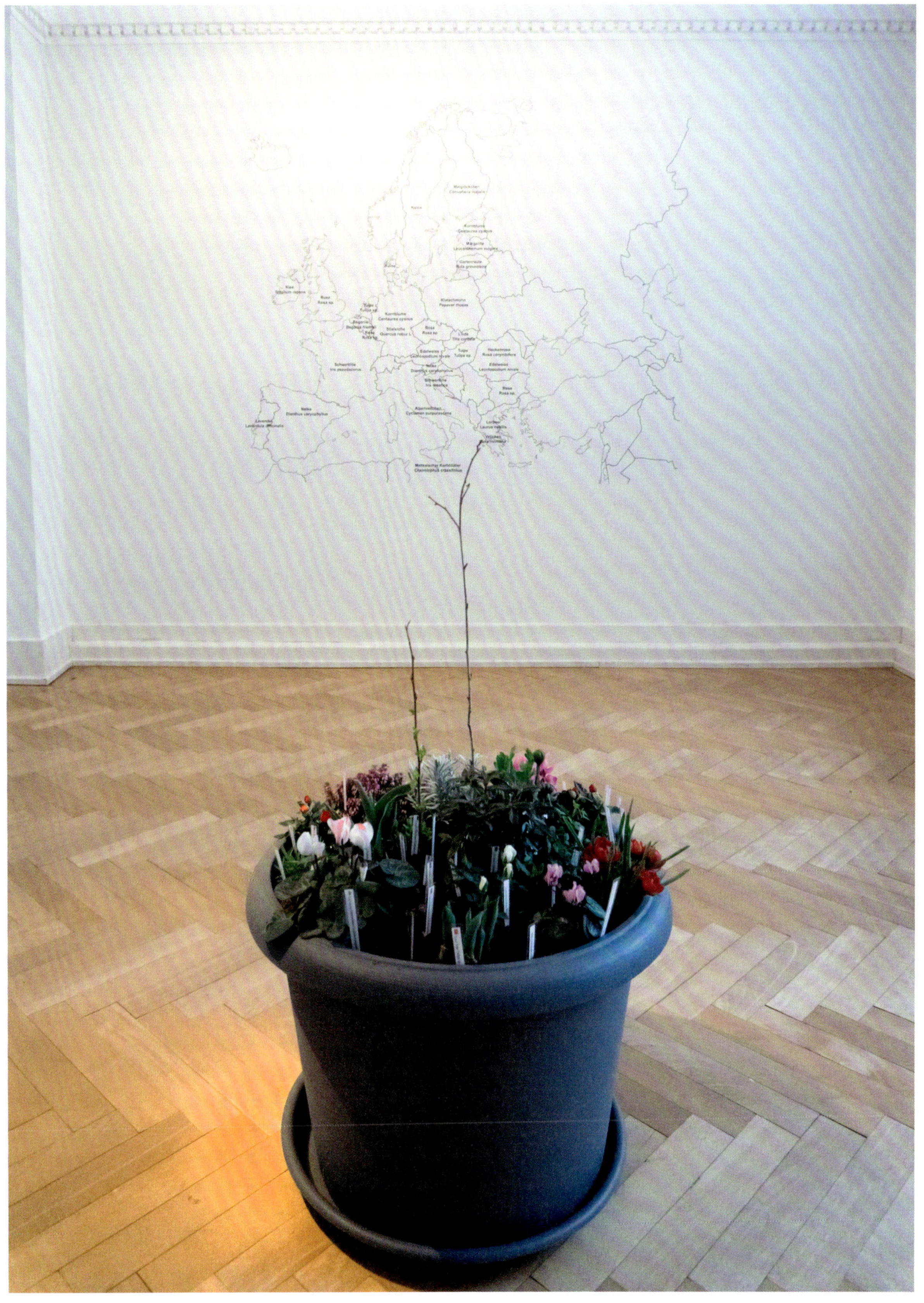
Kornblume
Centaurea cyanus
Stieleiche
Quercus robur L.
Rosa
Rosa sp.
Edelweiss
Leontopodium nivale
Tulpe
Tulipa sp.
Heckenrose
Rosa corymbifera
Nelke
Dianthus caryophyllus
Alpenveilchen
Cyclamen purpurascens

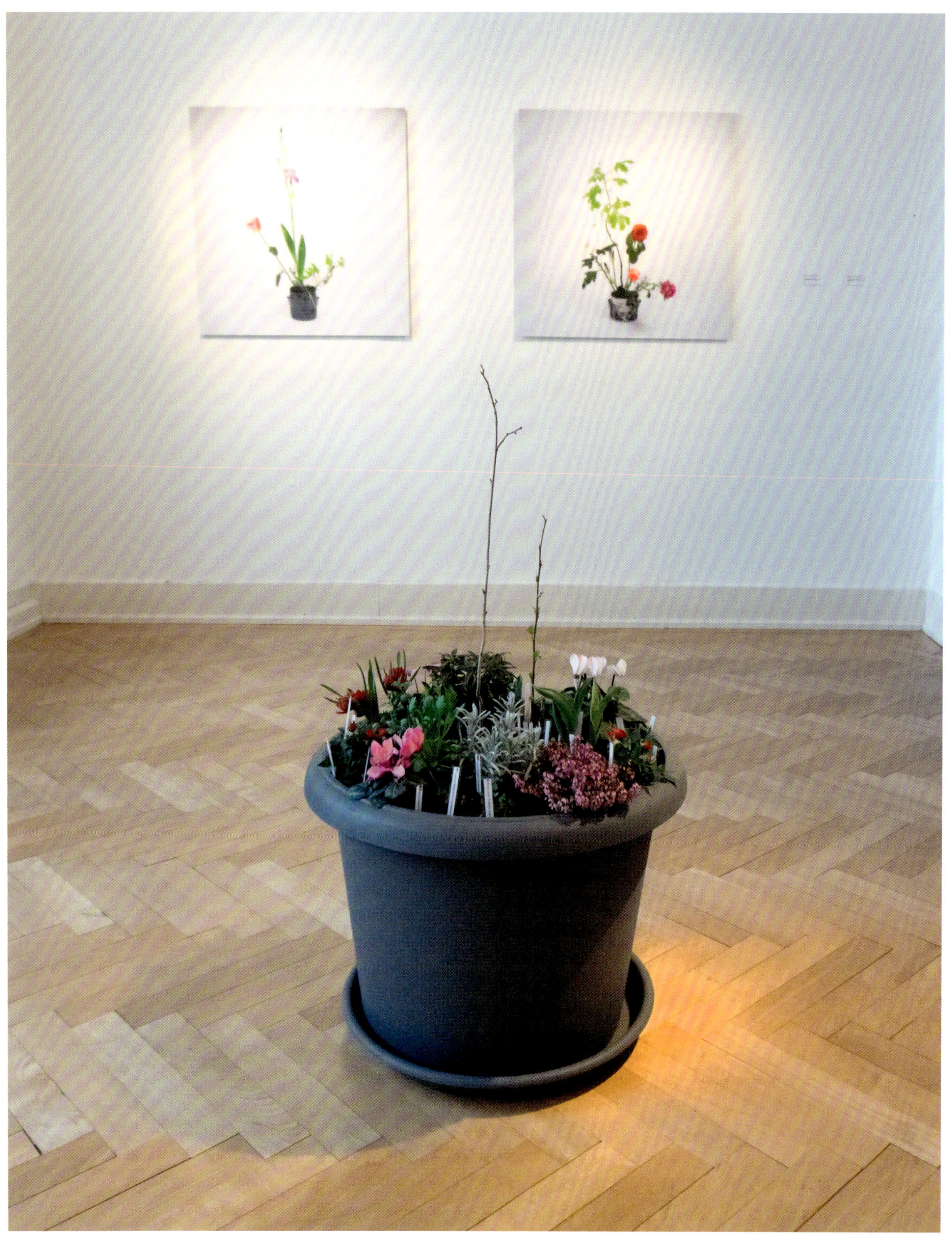

Abb. 21 / Fig. 21

Nationalblumen, 2018
Ausstellungsansicht / exhibition view
Museum Villa Rot
Installation, Durchmesser des Topfes / installation, flower pot diameter 60 cm

S. / p. 46

Abb. 22 / Fig. 22

Nationalblumen, 2018, Ausstellungsansicht / exhibition view
Museum Villa Rot
Installation, Durchmesser des Topfes / installation, flower pot diameter 60 cm

S. / pp. 48, 49

hörte das Allgemeinwissen schnell auf. Wenige Besucher*innen wussten, dass Ukrainer*innen stolz auf die riesigen Felder voller Sonnenblumen sind, man in Serbien die Pflaume nicht nur in Form des alkoholischen Sliwowitz lobt oder dass man in Bulgarien an jeder Straßenecke Rosenwasser kaufen kann.

All die Anekdoten, die sich während der Ausstellung ansammelten, sind unterhaltsam, sie zeigen jedoch gleichzeitig auch die Schwierigkeiten (europäischer) Verständigung. Wieso sollte beispielsweise jemand, der nie in Bosnien war, die bosnische Lilie kennen? Wieso solle er sich überhaupt für Bosnien interessieren? Es ist nicht neu, dass das Wissen, die Wahrnehmung und die Bewertung anderer Bevölkerungsgruppen in der Regel nicht völlig subjektiv sind, sondern durch viele Faktoren geprägt werden. Wachstum, die Verteilung von Ressourcen, historische Bündnisse oder Feindschaften, Migration, die geografische Lage, all diese Faktoren prägen das Wissen und damit den Umgang mit „den Anderen".

Dass dieser Umgang von Stolz und Vorurteilen geprägt ist, zeigte sich auch in der Ausstellung. Nach anfänglicher Erheiterung führte die Arbeit schnell zu Diskussionen. Dass gewisse Pflanzen hier ja gar nicht wachsen könnten, argumentierte einmal ein Herr, sei ja nicht verwunderlich. Schließlich bräuchten sie zum Gedeihen bestimmte Bedingungen. Das ließe sich, so schlussfolgerte er, auch auf Themen wie die Flüchtlingspolitik oder die Integration übertragen, was sofort zu heftigem Protest einiger anwesenden Damen führte.

Dass das Nebeneinander vieler Staaten auf engstem Raum, wie es für Europa typisch ist, ein gefährlicher Sprengstoff war und immer sein wird, ist keine Überraschung. Dazu braucht es Drenkwitz' *Nationalblumen* nicht. Viel spannender ist die scheinbare Willkür historischer Entwicklungen, die auch durch die Arbeit angedeutet wird. Im Internet gibt es einige Videos, in welchen die Entwicklung der Grenzen Europas im Zeitraffer gezeigt wird. In wenigen Sekunden wächst etwa Polen-Litauen zu beachtlicher Größe an, zerfällt dann und schrumpft Stück für Stück in sich zusammen. Es gibt keine Sekunde, in der die Landkarte stillsteht. Die Gegenwart zeigt ihrem Publikum meist nur ein Standbild, das bisweilen selbstverständlich wirkt. Doch im Zeitraffer wird die Tragik und die Banalität von Grenzen spürbar.

So verhält es sich auch mit den *Nationalblumen*. Die meisten Besucher*innen waren nur ein einziges Mal in der Ausstellung.

Sie sahen also nur eine Momentaufnahme, konnten aber ahnen, dass sich ihnen nur eine Woche später ein komplett anderes Bild bieten würde. Manche botanisch Interessierten spekulierten, wie sich die Installation wohl verändern würde. Gewiss konnten sie sich allerdings nicht sein. Denn wer könnte schon voraussehen, ob die vatikanische Osterlilie blühen würde?

Die geografischen Entwicklungen Europas sind genauso ungewiss und komplex wie das Wachstum der Blumen oder eben das des Deleuze'schen Rhizoms. Im Museum Villa Rot dominierten zum Ausstellungsende übrigens die slowakische Linde, der portugiesische Lavendel und das italienische Alpenveilchen den Blumentopf.

Und am Schluss stand die Frage im Raum, warum es überhaupt Nationalblumen gibt. Warum nutzen Länder etwas eigentlich Unpolitisches wie Blumen, die sich im Übrigen nicht an menschliche Ländergrenzen halten, zur Eigenidentifikation?

Diese Frage lässt sich damit beantworten, dass es zur Bildung einer (nati-

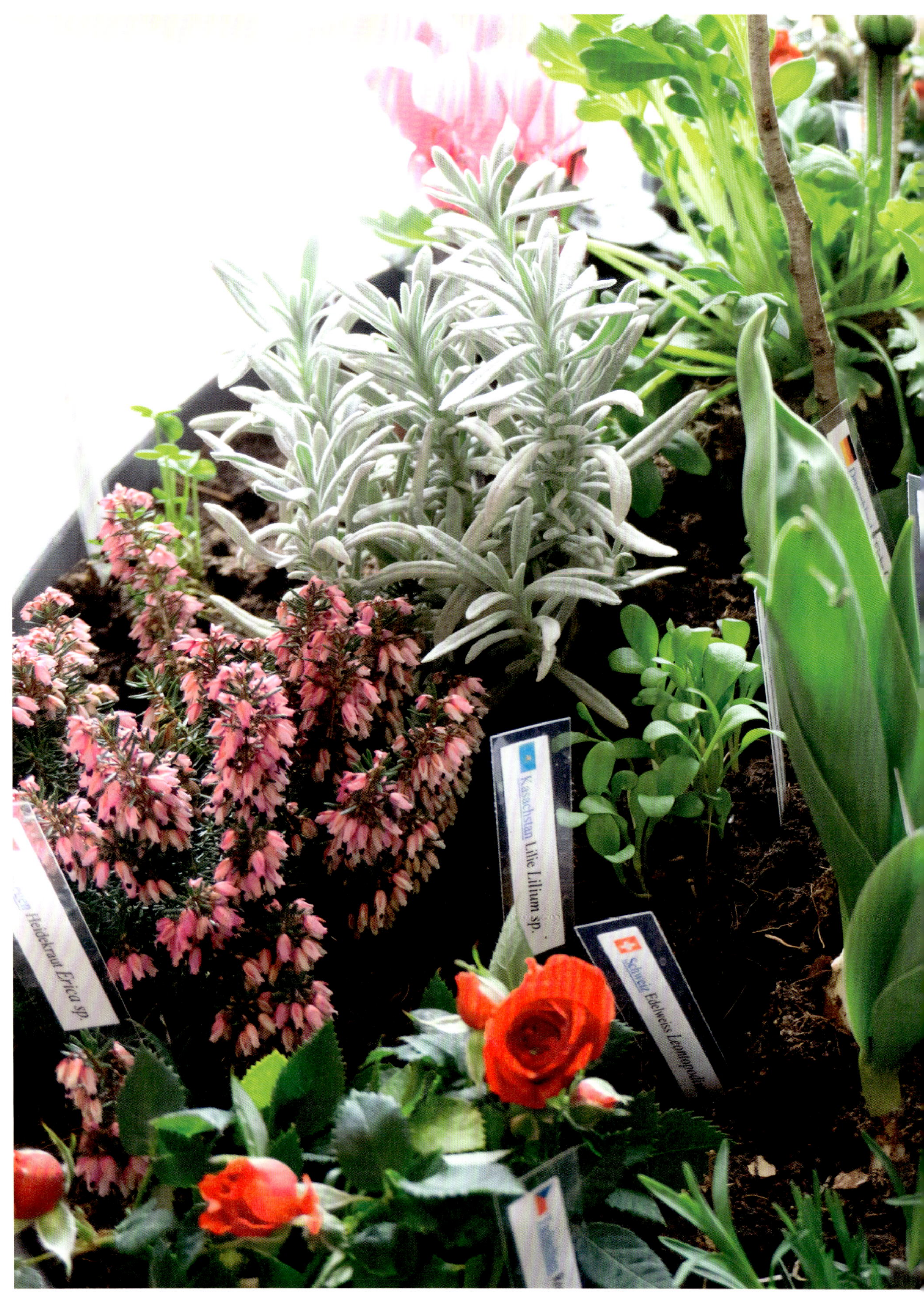
Heidekraut Erica sp.
Kasachstan Lilie Lilium sp.
Schweiz Edelweiss

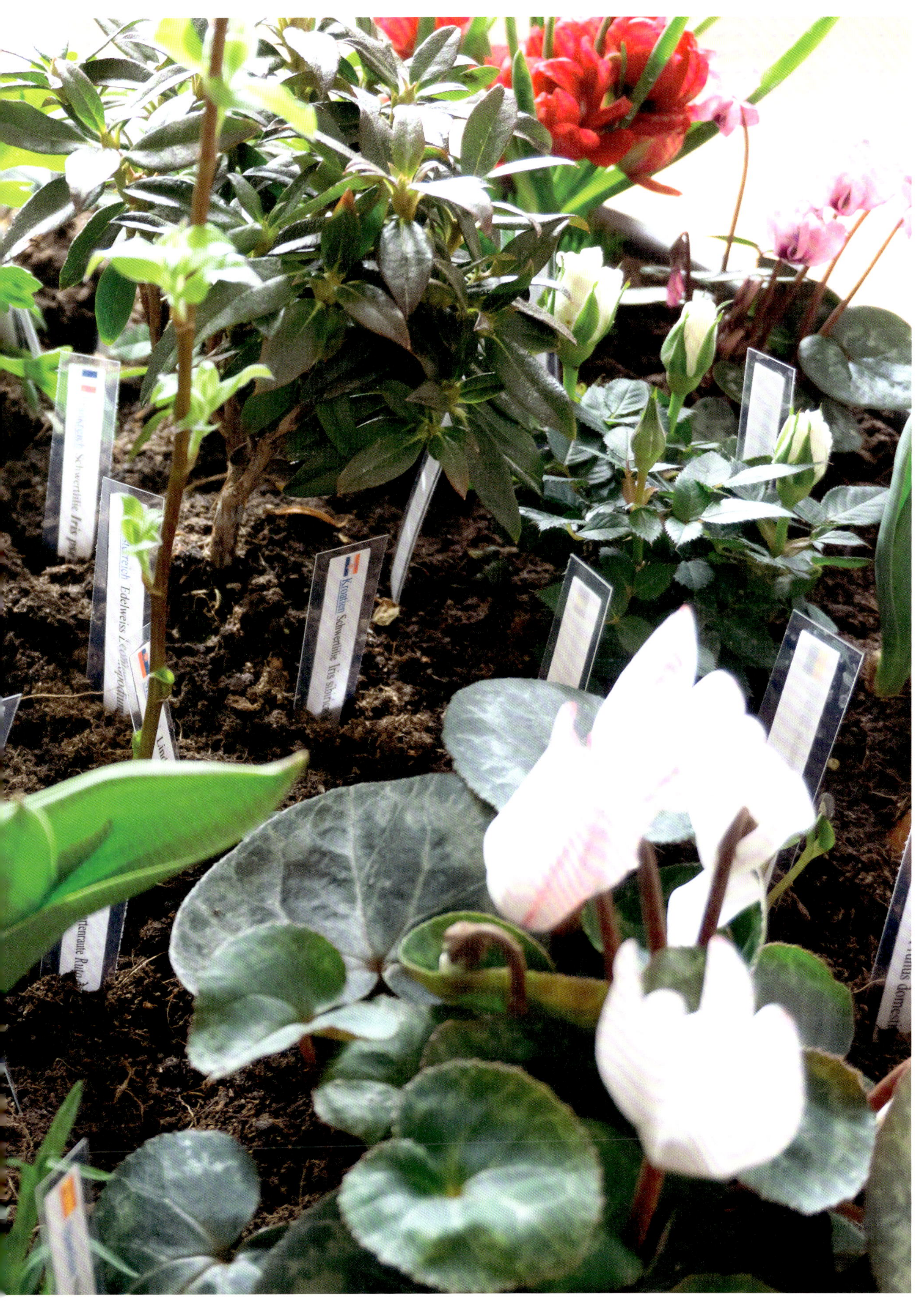
Schwertlilie Iris
Edelweiss
Kroatien Schwertlilie Iris

onalen) Identität immer Hilfsmittel bedarf. Egal ob Essen, Blumen, Tiere oder Riten, erst durch gemeinsame Symbole, Verhaltensweisen, Sprachen und Traditionen können die Gruppenzugehörigkeit definiert und Grenzen manifestiert werden. Und so lassen sich über manch eine Nationalpflanze, etwa die deutsche Eiche, ganze Bücher füllen, die wiederum äußerst komplex ausfallen und sowohl land- und forstwirtschaftliche, politische, literarische sowie kunstgeschichtliche Passagen enthalten würden. In Anbetracht von Blumen zeigt sich zudem das tiefsitzende Bedürfnis des Menschen, Objekte mit Bedeutung zu versehen und sie zu Symbolträgern zu machen. Die rote Rose für die Liebe, die weiße Lilie für die unbefleckte Empfängnis, die rote Nelke für die Arbeiter*innenbewegung... All diese Zuschreibungen sind letzten Endes willkürlich.

Dass manche Nationalblumen längst Geschichte sind, zeigt Björn Drenkwitz in der Reihe *Historische Staaten*. Vor schwarzem Hintergrund und von oben aufgenommen zeigen die Fotografien einzelne Blüten. Die Schönheit der zarten Blütenblätter wird sicherlich viele Betrachter*innen erfreuen. Blumen sind beliebt, weil sie bunt sind, an warme Jahreszeiten denken lassen und meist gedanklich mit positiven Erinnerungen verknüpft sind. Ihr besonderer Reiz liegt aber auch in ihrer Vergänglichkeit. Wie bei einem barocken Stillleben halten Drenkwitz' Fotografien den vergänglichen Moment der Blüte fest. Doch ebenso wie die historischen Vorbilder besitzen auch die Blumen dieser Serie einen symbolischen Charakter: Alle repräsentieren Staaten, die nicht mehr existieren. Wie auch bei *Ikebana WWI* und *Ikebana WWII*, bei denen Drenkwitz die Nationalblumen der Krieg führenden Staaten des Ersten und Zweiten Weltkriegs in der japanischen Blumensteckkunst Ikebana anordnete, bedarf es zum Verständnis der Serie *Historische Staaten* eines profunden historischen Wissens, um die einzelnen Arten zu entziffern und zuzuordnen. Das dürfte aber wohl nur wenigen gelingen, sodass die vergangenen Staaten ohne Hilfe des Künstlers anonym bleiben. Die runden Ausschnitte, die der Künstler für seine Arbeiten wählte, unterstützen das Motiv der Vergänglichkeit. Sie erinnern an museale Stücke, an militärische Orden oder Münzen, die nicht mehr aktiv erzählen, sondern nur noch verweisen. In Anbetracht der Fotoserie mag einem vielleicht die unendliche Dimension von „Zeit" bewusst werden, was unweigerlich dazu führt, die eigene Existenz sowie die vermeintliche Stabilität aktueller politischer Strukturen anzuzweifeln. Womöglich wird auch die deutsche Kornblume oder die deutsche Eiche irgendwann in einem solchen medaillonartigen Foto verewigt und als stumme Zeugin einer lebhaften Vergangenheit verbleiben.

Das Konzept von „Zeit" ist immer komplex und niemals eine stabile, zuverlässige Ordnung. Manch einer wird sich mit Schrecken an den Sprachenunterricht erinnern und daran, dass es Zeitformen gibt, die das Deutsche nicht kennt. Im Englischen existiert beispielsweise das „present perfect", welches es möglich macht, eine Handlung zu beschreiben, die in der Vergangenheit begann und Auswirkungen auf die Gegenwart hat. Einige der Arbeiten von Björn Drenkwitz lassen sich mit dieser grammatikalischen Form gut umschreiben. Dass sich die Komplexität der Gegenwart aus den Bedingungen und Entwicklungen der Vergangenheit erklärt, wird beispielsweise in der Arbeit *Wappen* demonstriert. Hierfür überlagerte der Künstler digital mehrere Wappen historischer Staaten auf deutschem Gebiet. Das so entstandene, vielschichtige Bild ist gleichermaßen ästhetisch wie chaotisch. Jedes einzelne Wappen trägt seinen Teil zu dem finalen Bild bei, doch wirklich bestimmen lässt sich kaum eines.

Es sind schlicht zu viele, um einzelne Wappen zu erkennen. Wie soll man dem

Abb. 23 / Fig. 23

Historische Staaten
Königreich Ungarn, 2018,
digitale Fotografie,
Diasec / digital photography, diasec Ø 40 cm

S. / p. 51

Abb. 24 / Fig. 24

Historische Staaten
Tschecheslowakei, 2018,
digitale Fotografie, Diasec / digital photography, diasec,
Ø 40 cm

S. / p. 52

Abb. 25 / Fig. 25

Historische Staaten
Dritte Französische Republik, 2018,
digitale Fotografie, Diasec / digital photography, diasec,
Ø 40 cm

S. / p. 52

Abb. 26 / Fig. 26

Historische Staaten
Deutsches Kaiserreich, 2018,
digitale Fotografie, Diasec / digital photography, diasec,
Ø 40 cm

S. / p. 53

Abb. 27 / Fig. 27

Historische Staaten
Erste Polnische Republik, 2018,
digitale Fotografie, Diasec / digital photography, diasec,
Ø 40 cm

S. / p. 53

Abb. 28 / Fig. 28

Historische Staaten
Königreich Aragón, 2018,
digitale Fotografie, Diasec / digital photography, diasec,
Ø 40 cm

S. / p. 54

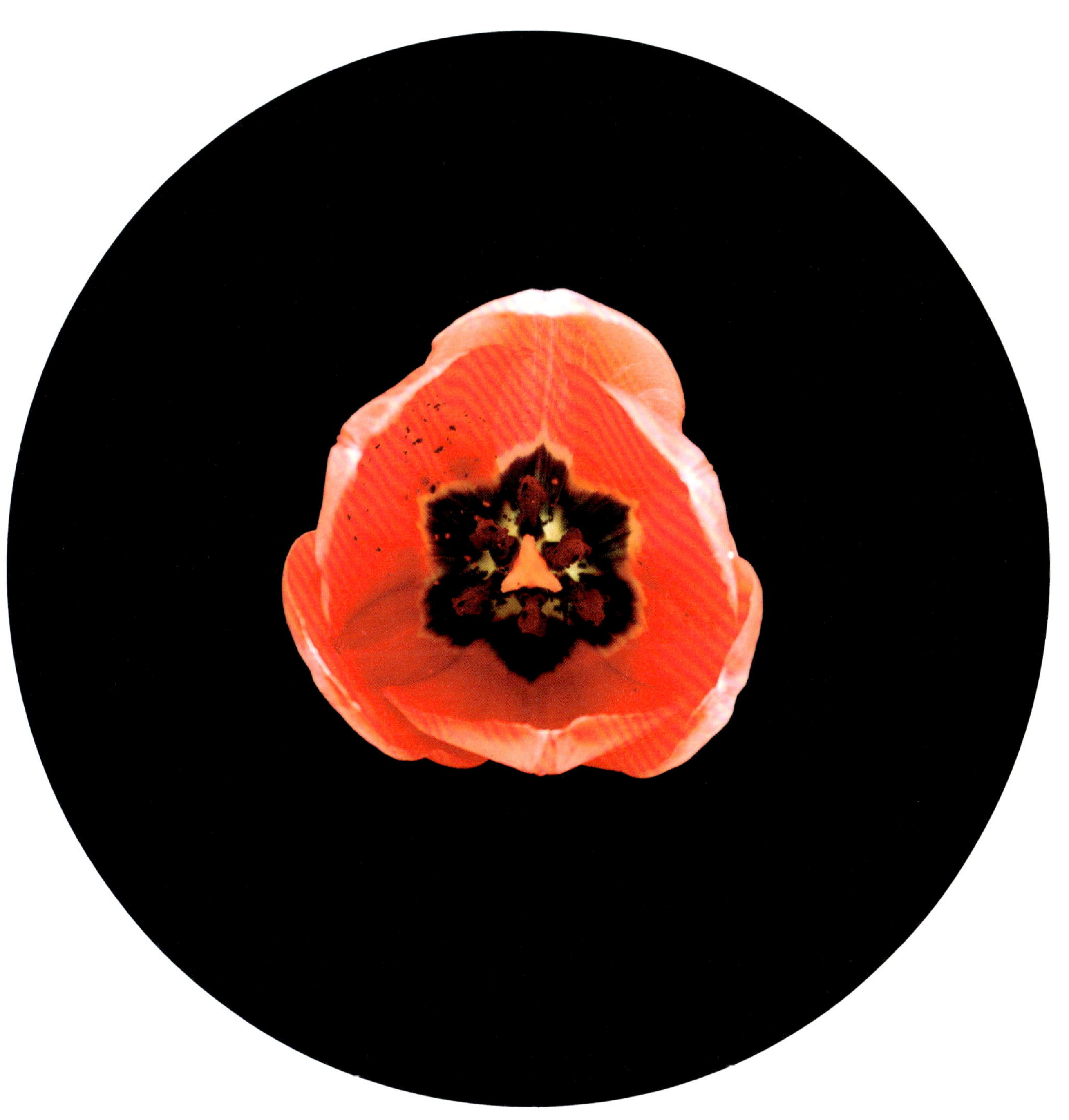

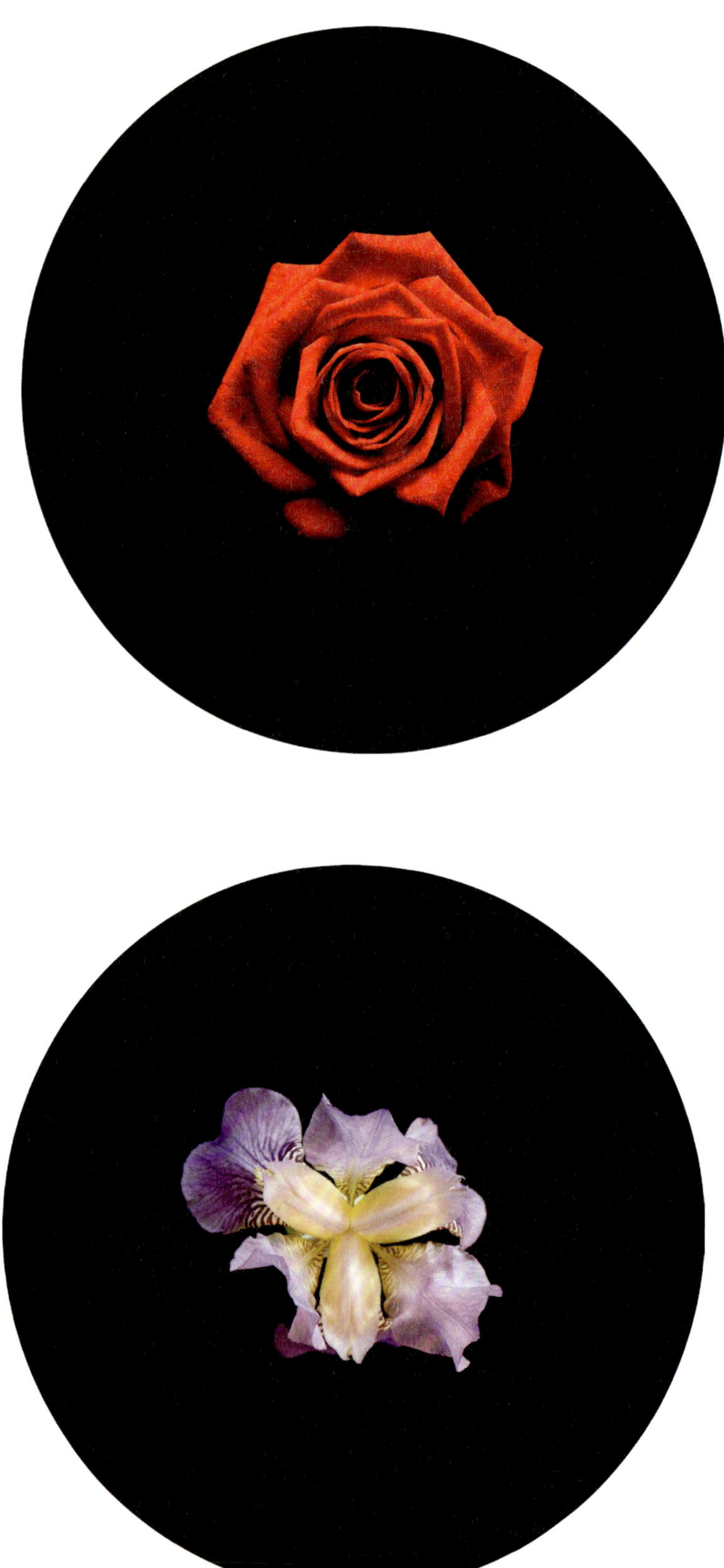

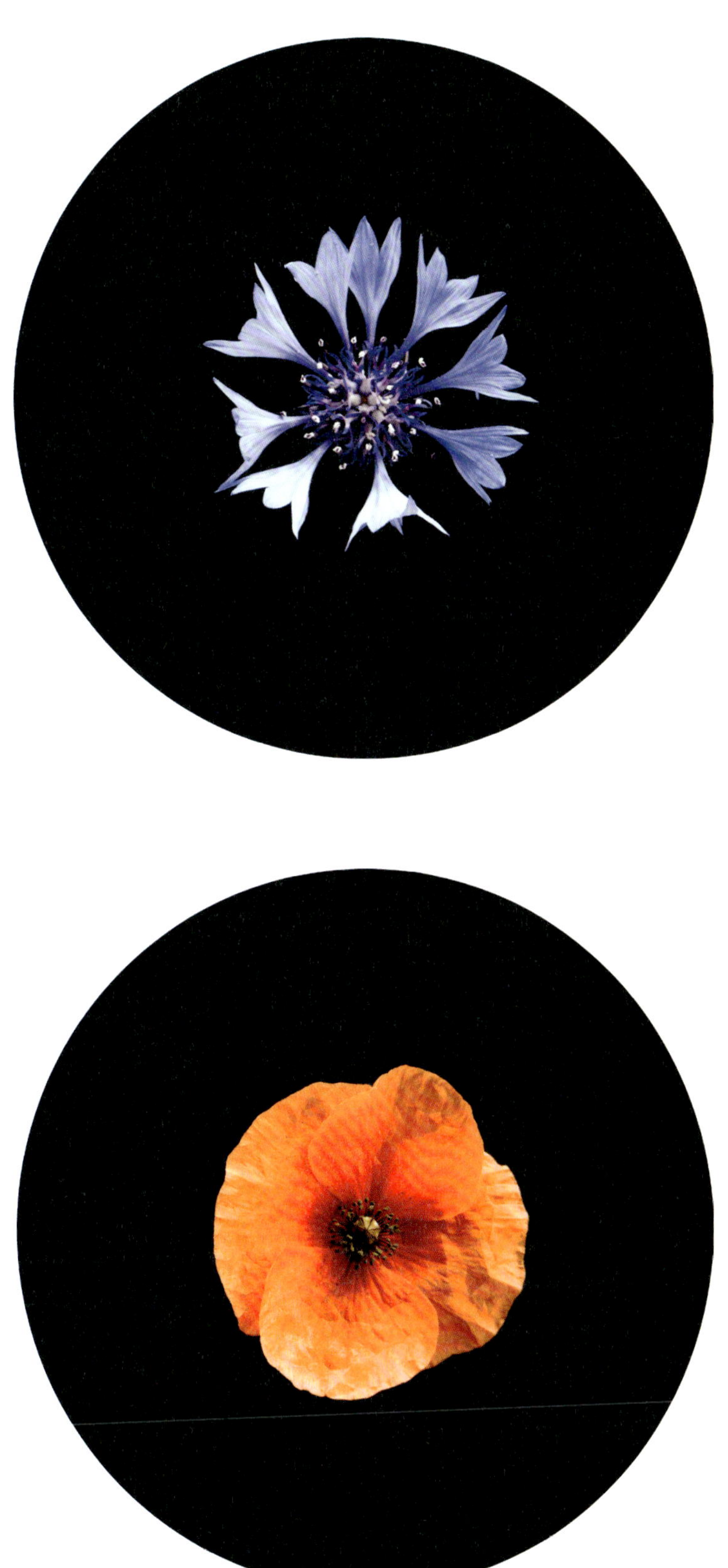

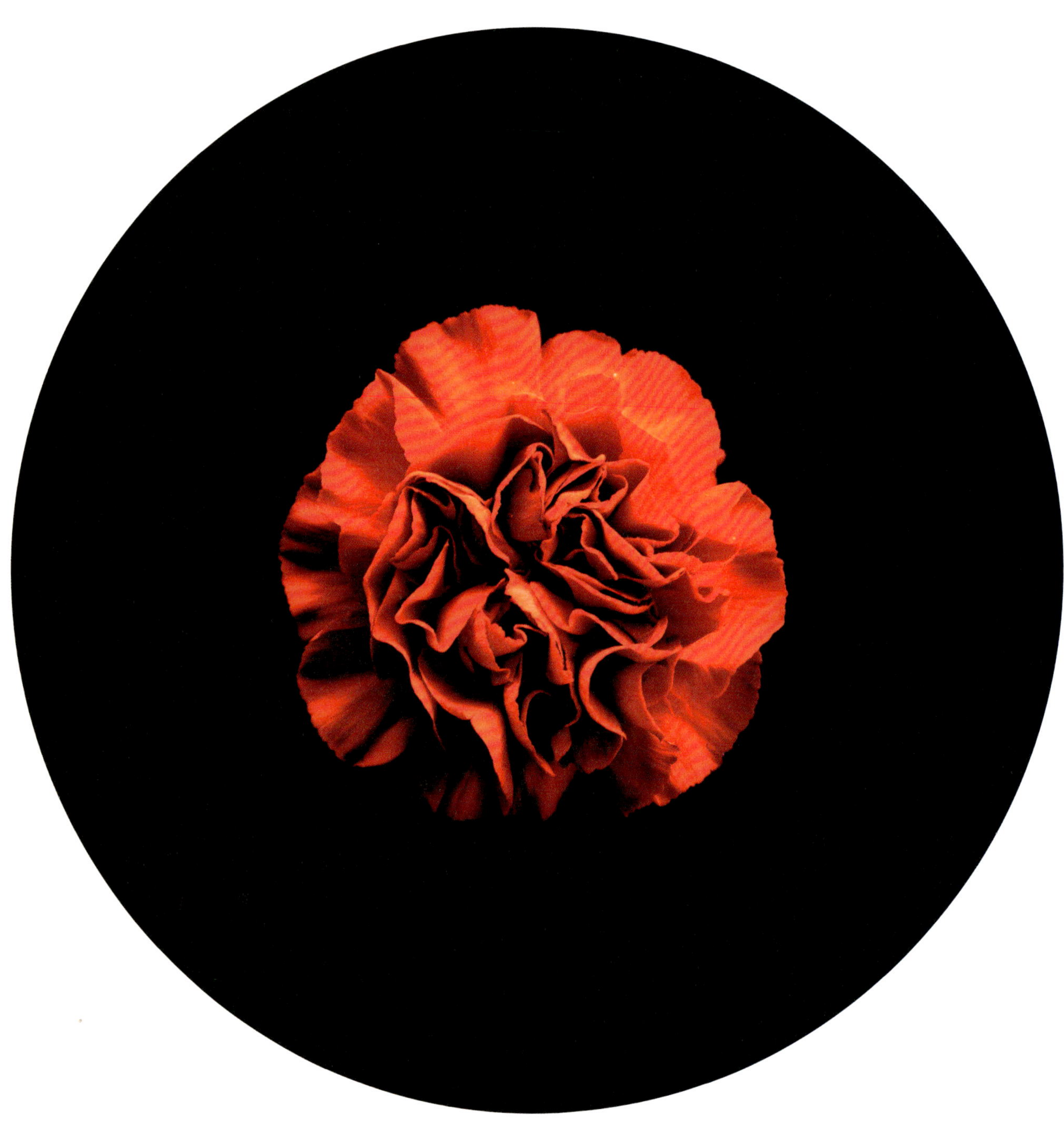

Bild begegnen? Akzeptiert man das Bild, wie es ist oder versucht man die Einzelteile auseinanderzudividieren? Egal, wie man das Bild wertet, klar ist, dass die Konstruktion „Deutschland“ unfassbar komplex ist. Es gibt nicht „ein“ Deutschland. Die Vielzahl der Staaten visualisiert die pluralistische, mehrere Ethnien inkludierende Addition vergangener Strukturen zu einer temporären Situation. Alles baut aufeinander auf und bildet schließlich eine Form, die sicherlich nicht endgültig abgeschlossen ist.

Auch die Arbeit *Erkenntnisweg* baut aufeinander auf, wenngleich auf eine völlig andere Art und Weise. Die Wandinstallation besteht aus Klettergriffen, welche die Betrachter*innen zum Benutzen einladen. Ist das nun schon interaktive Kunst? Sicher nicht, denn auch wer sich der sportlichen Aktivität in einem Museum oder einer Galerie verweigert, wird schnell erkennen, dass sich hinter den Klettergriffen noch eine sinnbildliche Ebene befindet. Die farbigen Wandelemente sind nämlich Abgüssen historischer Büsten nachempfunden. Philosophisch Bewanderte werden die Konterfeis der geistesgeschichtlichen Größen Sokrates, Plato und Aristoteles entdecken. Möchte Drenkwitz hier andeuten, dass der Weg zum Olymp anstrengend ist und auch die Gefahr des Absturzes impliziert? Oder geht es darum, den Boden der Tatsachen zu verlassen, um das Reich der platonischen ἰδέα, der idea, zu erklimmen? Möglich. Es lohnt jedoch ein Blick auf das Verhältnis der drei Philosophen zueinander. Sokrates war der Lehrer Platons, der wiederum der Lehrer Aristoteles’ war, der dann selbst Lehrer wurde und so weiter.

Hinterfragt man diese Konstellation, dann wird Drenkwitz’ Arbeit auch zu einem Kommentar zum Geniekult. Denn eine Idee wächst meist nicht aus sich selbst, sondern ist wie ein Samen, der im dafür vorbereiteten Beet wurzelt und wächst und dessen Samen danach weiterwandern. Egal ob in der Kunst, in der Philosophie, in Bäckereien oder in der Politik, alles basiert auf bereits vorhandenem Wissen. Wer in einem der Bereiche aktiv wird, stellt sich in eine geschichtliche Tradition und wird ein wesentlicher Teil von ihr. Björn Drenkwitz formuliert es so: „Wie in der Philosophie wird auch in der Kunst wenig aus sich heraus geschaffen, Künstler stehen auf den Schultern von Riesen.“

Deprimieren lassen sollte man sich von diesem Gedanken und der Unmöglichkeit, etwas völlig Neues, nie Dagewesenes zu schaffen, aber nicht. Denn wie bei einer Kletterwand ist jeder zusätzliche Griff eine Erleichterung auf dem steilen Weg zum Olymp.

Complex Identities

Marco Hompes,
Museum Director,
Museum Villa Rot

Today, the opinion is often expressed that our world is becoming more and more complex. In the current epoch, also referred to as the "Second Modern Age,"[1] there are no longer any simple answers because the "unimaginable globality"[2] can no longer be grasped in simple images or categories. The old conceptual model of the tree with roots, a trunk, and several branches has been replaced by the image of the unpredicttable rhizome, which forms plateaus and networks apparently without any recognizable order.[3] In the face of the breakneck speed of technological, political, and digital developments, the wildly proliferating rhizome appears to be the better model for describing the world than a linearly oriented design.

If one follows this virulent logic of a growing and no longer distinguishable complexity, then formerly fixed orders, according to which space, time, and growth are structured, begin to waver.

Regardless of whether this description of the state of complexity is understood as a precise analysis of the present or simply as a "myth," most people agree that there do not seem to be any simple formulas for describing the world (anymore).[4] The newly declared multiplicity also has effects on art: masses of imagery, wild combinations of found objects of the most diverse origins, huge visual works, and a battle of materials are occasionally the result. As said, for "unimaginable globality" there are no simple images, or are there?

Björn Drenkwitz is an artist who repeatedly succeeds in bringing highly complex contexts into a tangible form. With only one picture, one video, or one installation he manages to explain geopolitical, historical, or philosophical contexts. What is special is that he does not merely simplify complicated contexts and process them into easily consumable bites, even if this may seem to be the case at first glance. Behind the aesthetic façade of his works, which is only seemingly easy to penetrate, hides the concentrated complexity of a theme. Or as the artist himself says: "I like it when a window opens behind a work."

An excellent example of the artist's approach is the work *Nationalblumen (National Flowers)*. The idea behind it is simple: all the national flowers of European countries are planted in one pot. After a while, it becomes apparent which flowers are blooming, which are shrinking, and which are overrunning the flowerpot. A pretty allegory of European history and its instability, one might think. I realized that much more could be said about the work when I showed it in an exhibition at the Museum Villa Rot. When I told my colleagues about the idea, they were amazed. They weren't even aware that there were not only national flags, national anthems, and national animals, but also national flowers. The question of whether Germany had a national plant was quickly answered by referring to German coins. The German oak, yes right, is known. Of course, one had also heard of the Dutch tulip, the French lily, the Irish shamrock, and the British rose. However, when looking at countries further south or east, general knowledge quickly reached its limits. Few visitors knew that Ukrainians are proud of vast fields full of sunflowers, that in Serbia the plum is praised beyond the form of the Slivovitz alcohol, or that you can buy rose water at every street corner in Bulgaria.

All the anecdotes accumulated during the exhibition are entertaining,

Footnotes

1

cf. Ulrich Beck and Christoph Lau (ed.): *Entgrenzung und Entscheidung: Was ist neu an der Theorie reflexiver Modernisierung.* Frankfurt 2004

2

Umberto Eco: *Im Labyrinth der Vernunft*, Leipzig 1999, p. 109

3

cf. Gilles Deleuze and Félix Guattari: *Tausend Plateaus. Kapitalismus und Schizophrenie*, Berlin 1992

4

Jörg Friedrich on the website of Heise Medien GmbH & Co. KG, cf. https://www.heise.de/tp/features/Der-Mythos-von-der-zunehmenden-Komplexitaet-3391840.html (as of: 15. August 2018)

Abbildungsverzeichnis / List of Figures

Abb. 29 / Fig. 29

Ikebana WW1, 2015, Detail
digitale Fotografie, Diasec / digital photography, diasec, 80 x 80 cm

S. / p. 57

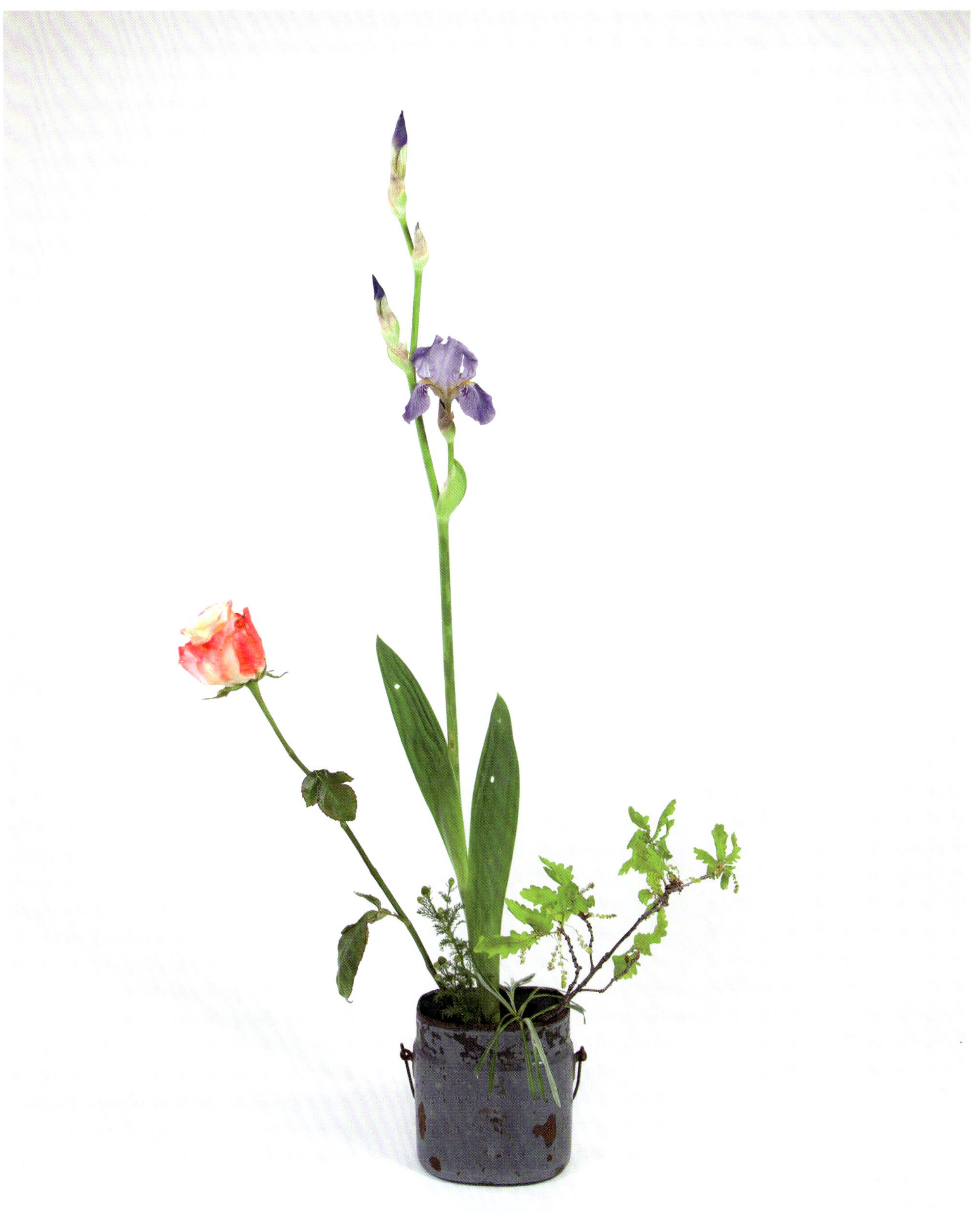

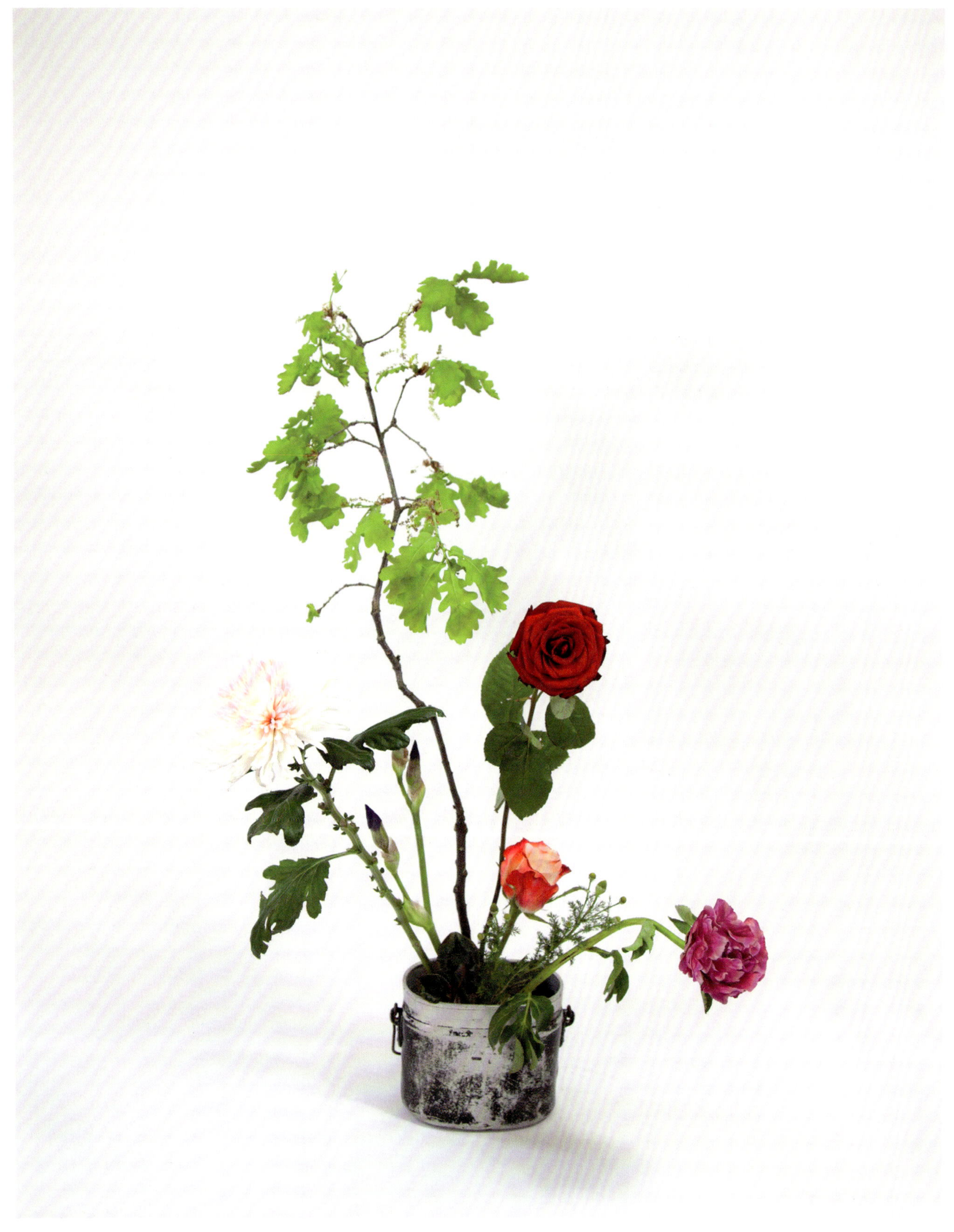

Abb. 30 / Fig. 30

Ikebana WW2, 2015, Detail
digitale Fotografie, Diasec / digital photography, diasec, 80 x 80 cm

S. / p. 58

Abb. 31 / Fig. 31

Wappen, 2018, Composite-Fotografie, C-Print gerahmt / composite photography, framed C-print, 80 x 80 cm

S. / pp. 60, 61

Abb. 32 / Fig. 32

Wappen, 2018, Detail
Composite-Fotografie, C-Print gerahmt / composite photography, framed C-print, 80 x 80 cm

S. / p. 63

but they also show the difficulties of (European) communication. Why, for example, should someone who has never been to Bosnia know the Bosnian lily? Why should he be interested in Bosnia at all? It is not new that the knowledge, perception, and evaluation of other population groups are generally not entirely subjective, rather, they are shaped by many factors. Growth, the distribution of resources, historical alliances or enmities, migration, geographical location – all these factors shape knowledge and thus how we deal with "the others." The fact that this contact is marked by pride and prejudice was also revealed in the exhibition. After initial amusement, the work quickly led to discussions. A gentleman argued at one point that certain plants could not grow here at all, and that was not surprising. After all, they need certain conditions to thrive. He concluded that this could also be applied to topics such as refugee policy or integration, which immediately led to fierce protests by some of the ladies present.

It is no surprise that the coexistence of many states in a very small space, as is typical for Europe, was and always will be a dangerous explosive. Drenkwitz's *Nationalblumen* are not needed for this. Much more exciting is the apparent arbitrariness of historical developments, which is also hinted at by the work. There are several videos on the Internet in which the development of Europe's borders is shown in time-lapse. In a few seconds, Poland-Lithuania, for example, grows to considerable size, then disintegrates and shrinks back into itself, bit by bit. There is not a second in which the map stands still. The present usually shows its audience only a still image, which sometimes seems self-evident. But in time lapse the tragedy and banality of borders become perceptible. This is also the case with *Nationalblumen*.

Most of the visitors were only in the exhibition once. So they only saw a snapshot but could have guessed that just a week later a completely different image would present itself. Some botanically interested visitors speculated on how the installation would change. But they couldn't be certain. After all, who could predict whether the Vatican Easter lily would flourish?

The geographical developments of Europe are just as uncertain and complex as the growth of flowers or the Deleuzian rhizome. At the end of the exhibition, the planter at the Museum Villa Rot was dominated by the Slovakian lime tree, Portuguese lavender, and Italian violet. And in the end, the question arose as to why national flowers exist at all. Why do countries use something actually apolitical like flowers, which, by the way, do not adhere to human borders, for self-identification?

This question can be answered by the fact that the formation of a (national) identity always requires resources. Whether food, flowers, animals, or rites, only through common symbols, behaviors, languages, and traditions can group membership be defined and boundaries manifested. And so, for many, a national plant such as the German oak, can fill entire books, which in turn would be extremely complex and contain passages from agriculture, forestry, politics, literature, and art history. Taking flowers into consideration, the deep-seated need of people to give objects meaning and to turn them into bearers of symbols also becomes apparent. The red rose for love, the white lily for the immaculate conception, the red carnation for the workers' movement ... All these attributions are ultimately arbitrary.

In the series *Historische Staaten (Historical States)* Björn Drenkwitz shows that some national flowers have long since become history. Against a black background and taken from above, the photographs show individual blossoms. The beauty of the delicate petals

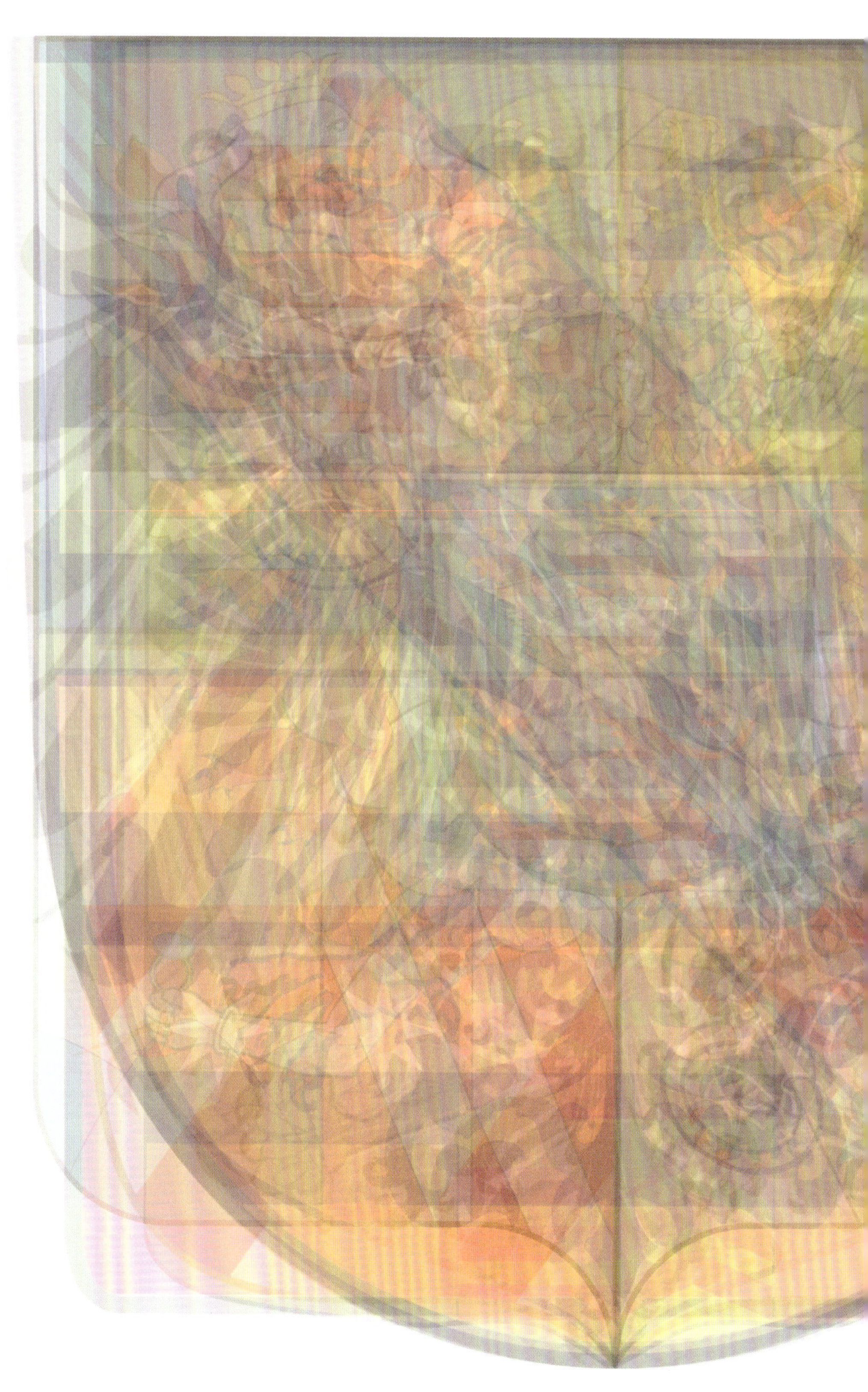

will undoubtedly delight many viewers. Flowers are popular because they are colorful, remind us of warm seasons, and are usually associated with positive memories. But their particular appeal also lies in their transience. As in a baroque still life, Drenkwitz's photographs capture the fleeting moment of flowering. But just like the historical models, the flowers in this series also have a symbolic character: they all represent states that no longer exist. As with *Ikebana WWI* and *Ikebana WWII*, in which Drenkwitz arranged the national flowers of the warring states of the First and Second World War using the technique of Japanese Ikebana flower arranging, profound historical knowledge is required to understand the series *Historische Staaten* to decipher and classify the individual species. However, only a few are likely to succeed in this, so that the past states remain anonymous without the artist's help.

The round sections that the artist chose for his works support the motif of transience. They are reminiscent of museum pieces, military orders, or coins that no longer actively tell a story, but merely reference it. Because of the photo series, one may perhaps become aware of the infinite dimension of "time," which inevitably leads to doubting one's own existence and the supposed stability of current political structures. Possibly the German cornflower or the German oak will also be immortalized at some point in such a medallion-like photo and remain a silent witness to a lively past.

The concept of "time" is always complex and never a stable, reliable order. Some people will recall with horror their language lessons and the fact that there are forms of time that the German language does not have. In English, for example, there is the "present perfect," which makes it possible to describe an action that began in the past and has effects on the present. Some of Björn Drenkwitz's works can be described well with this grammatical form. The fact that the complexity of the present is explained by the conditions and developments of the past is demonstrated, for example, in the work *Wappen (Coats of Arms)*. For this purpose, the artist digitally superimposed several coats of arms of historical states on German territory. The multi-layered image thus created is both aesthetic and chaotic. Each individual coat of arms contributes its part to the final picture, but hardly anything can truly be identified. There are simply too many to recognize individual coats of arms.

How should one encounter the image? Do you accept the image as it is or do you try to separate the individual parts? No matter how one evaluates the image, it is clear that the construction "Germany" is incredibly complex. There is no "one" Germany. The multitude of states visualizes the pluralistic addition, including several ethnic groups, of past structures to a temporary situation. Everything is built on each other and ultimately creates a form that is certainly not in its final state.

The work *Erkenntnisweg (Path of Knowledge)* also builds on itself, albeit in a completely different way. The wall installation consists of climbing grips that invite the viewers to use them. Is this interactive art? Certainly not, because even those who refuse to take part in sporting activities in a museum or gallery will quickly recognize that there is still a symbolic level behind the climbing grips. The colored wall elements are copies of historical busts. Philosophically minded people will discover the counterfeits of the historical intellectual greats Socrates, Plato, and Aristotle.

Would Drenkwitz like to suggest here that the road to Olympus is exhausting and also implies the danger of collapse? Or is it about leaving the ground of facts to climb the realm of the platonic ἰδέα, the idea? Possibly. However, it is worth taking a look at the relationship between the three philosophers. Socrates was Plato's teacher, who in turn was Aristoteles teacher, who then became a teacher himself, and so on. If one questions this constellation, then Drenkwitz's work also becomes a commentary on the cult of genius. For an idea usually does not grow out of itself, but is like a seed that roots and grows in the bed prepared for it, and whose seeds then continue to migrate. Whether in art, philosophy, bakeries, or politics, everything is based on existing knowledge. Anyone who becomes active in one of these fields places himself in a historical tradition and becomes an essential part of it. Björn Drenkwitz puts it this way: "As in philosophy, little is created out of itself in art; artists stand on the shoulders of giants."

One should not let oneself become depressed by this thought and the impossibility of creating something completely new and unprecedented. For like a climbing wall, every additional grip is a relief on the steep path to Olympus.

Abb. 33 / Fig. 33

Erkenntnisweg, 2018,
Atelieransicht / studio view
Klettergriffe aus Polyurethan, Maße variabel / polyurethane climbing holds, size variable

S. / p. 64

Abb. 34 / Fig. 34

Erkenntnisweg, 2018,
Atelieransicht / studio view
Klettergriffe aus Polyurethan, Maße variabel / polyurethane climbing holds, size variable

S. / p. 65

Abb. 35 / Fig. 35

Erkenntnisweg, 2018,
Atelieransicht / studio view
Klettergriffe aus Polyurethan, Maße variabel / polyurethane climbing holds, size variable

S. / p. 66

Abb. 36 / Fig. 36

Erkenntnisweg, 2018,
Atelieransicht / studio view
Klettergriffe aus Polyurethan, Maße variabel / polyurethane climbing holds, size variable

S. / p. 67

Abb. 37 / Fig. 37

Erkenntnisweg, 2018,
Atelieransicht / studio view
Klettergriffe aus Polyurethan, Maße variabel / polyurethane climbing holds, size variable

S. / pp. 68, 69

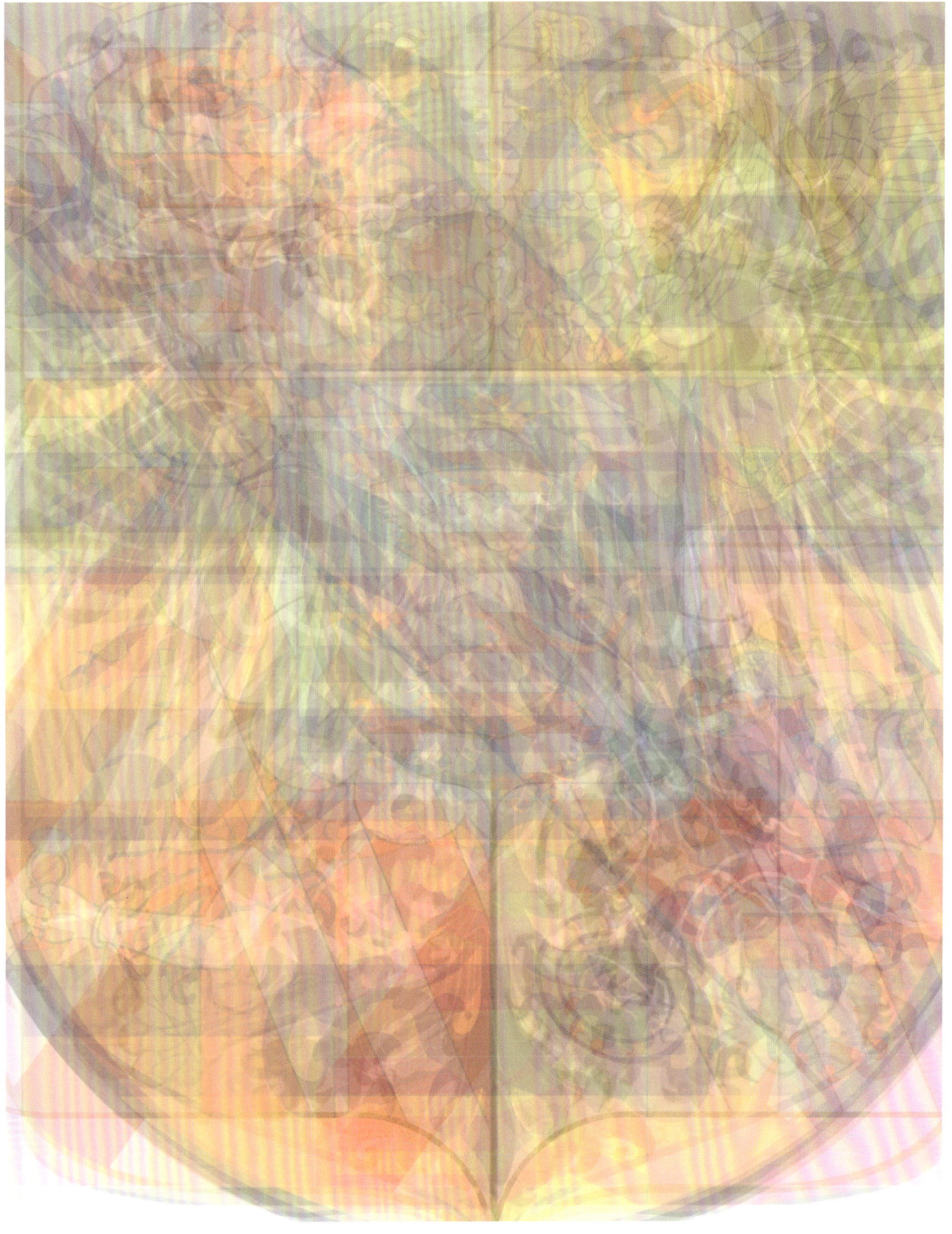

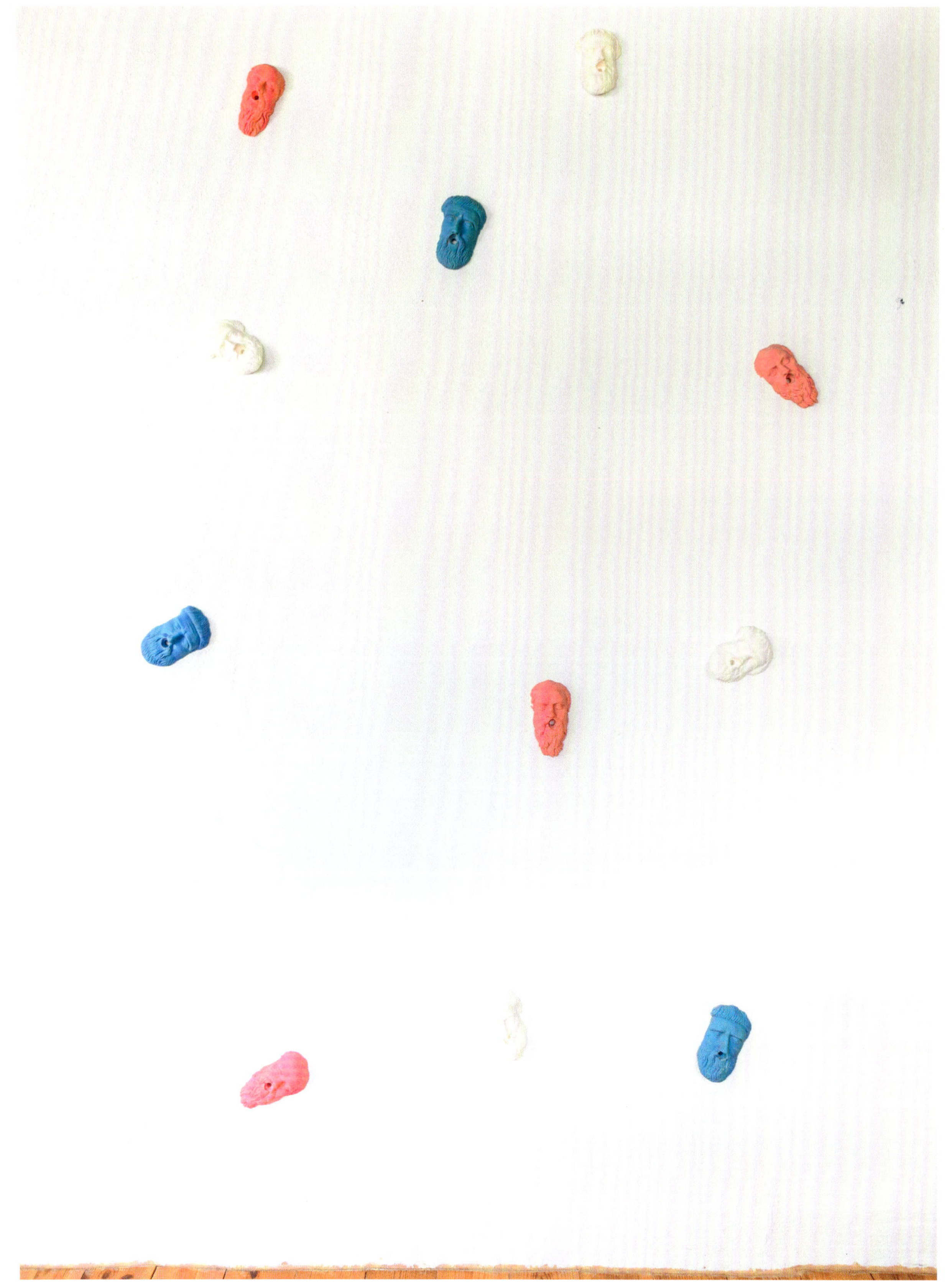

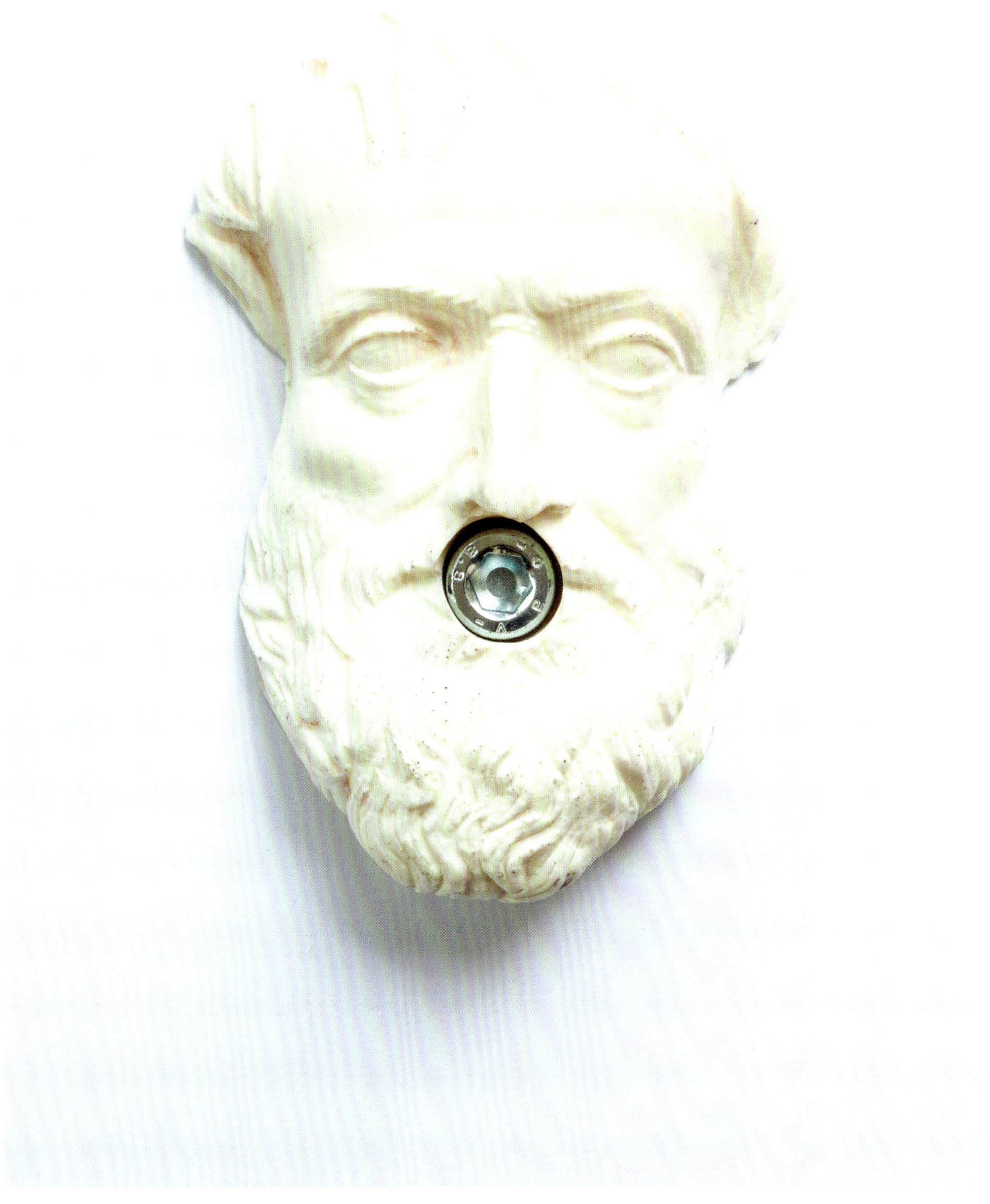

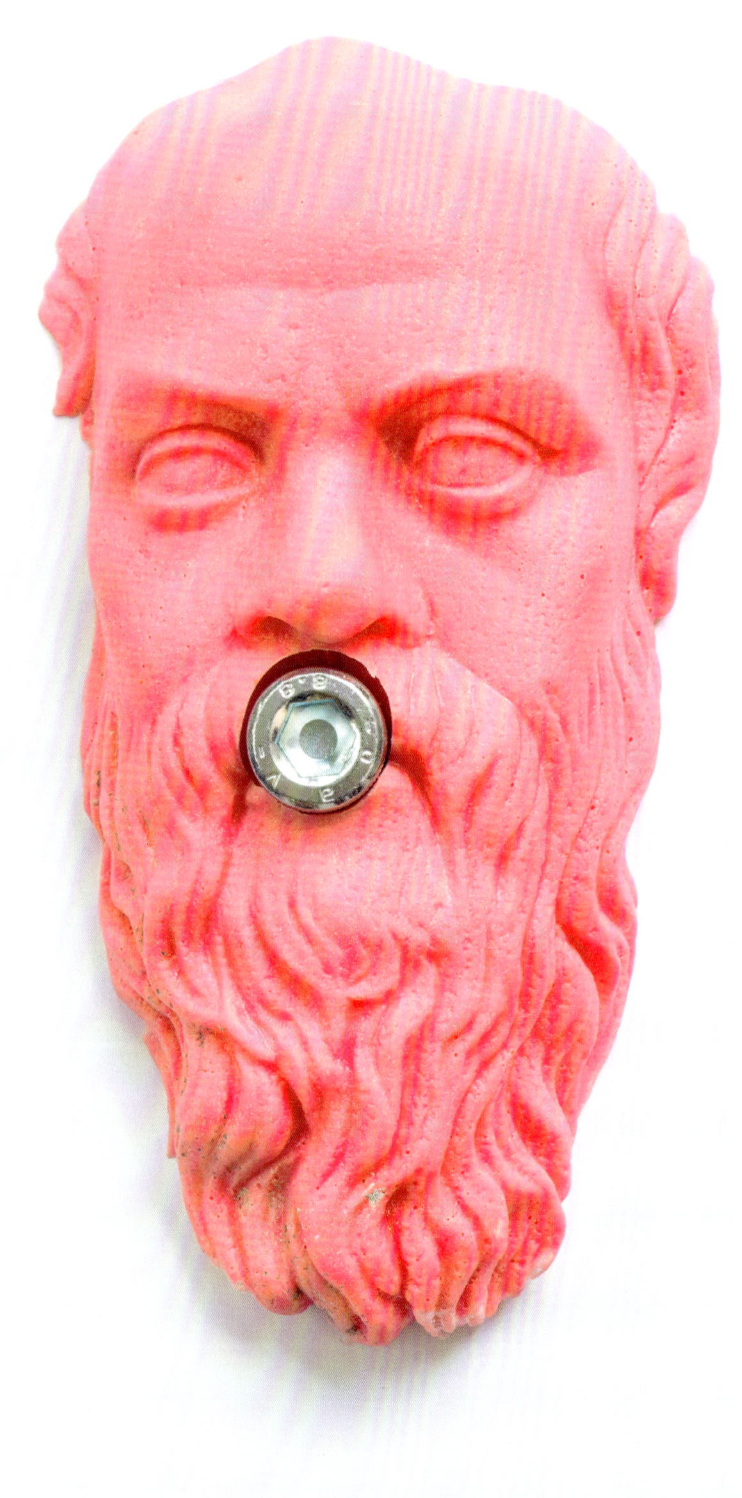

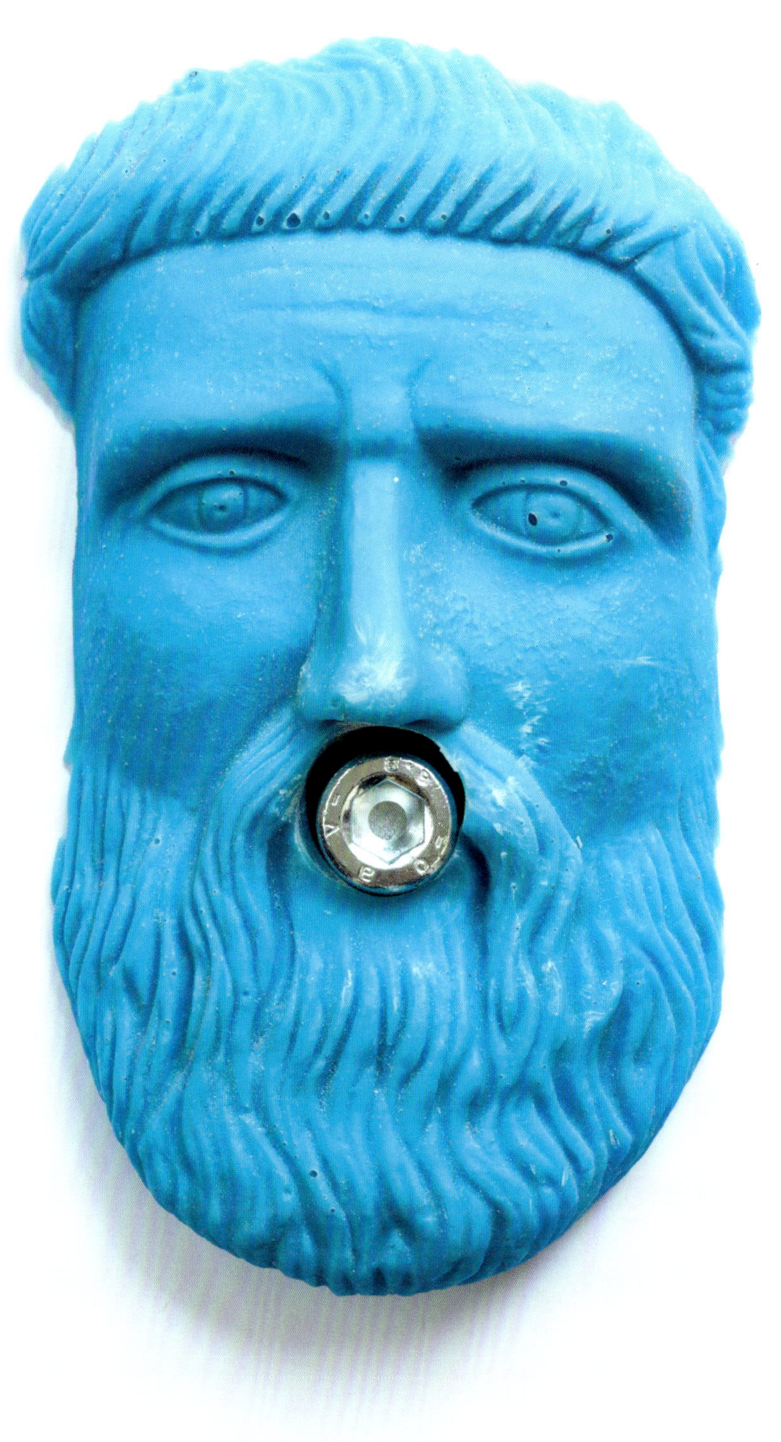

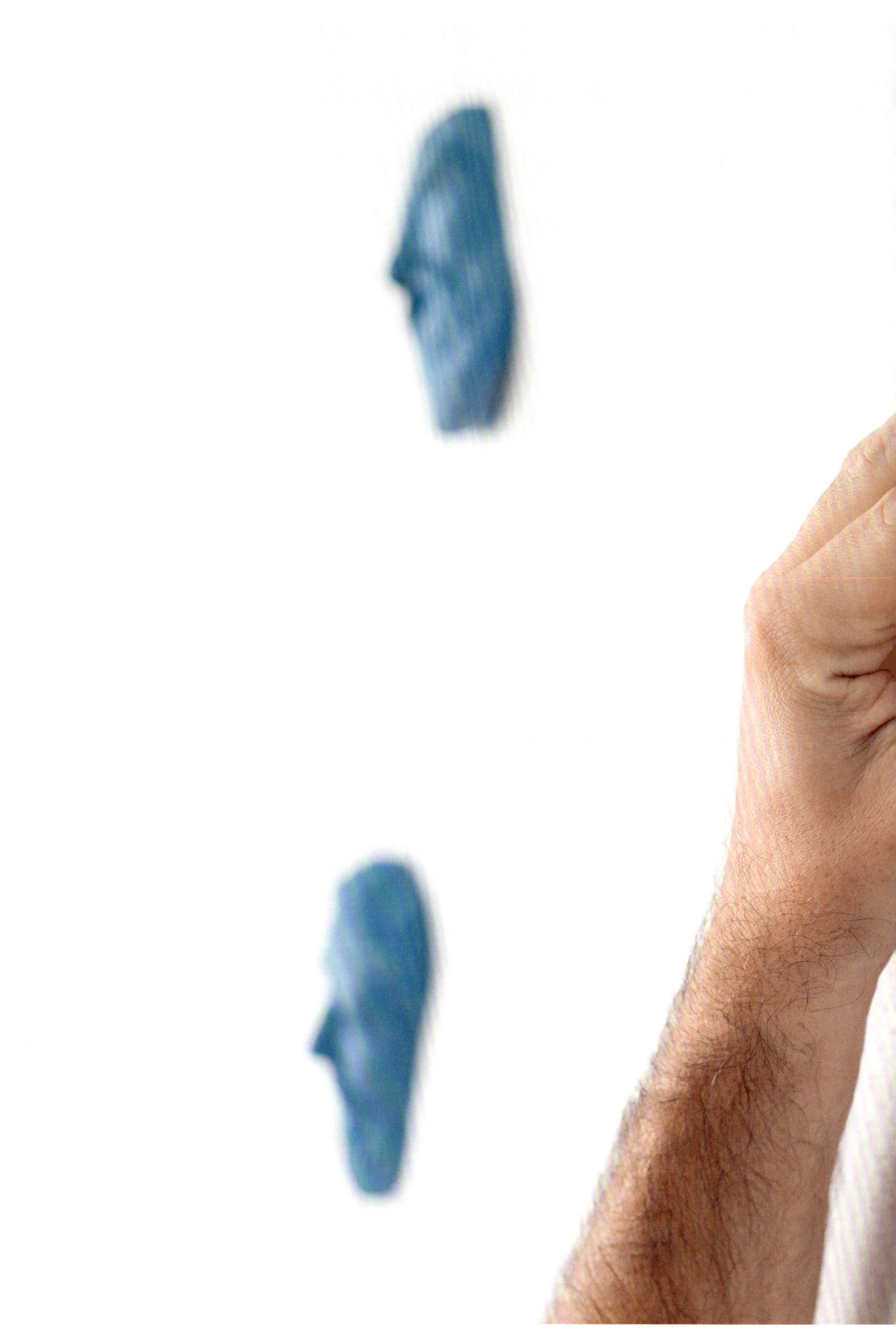

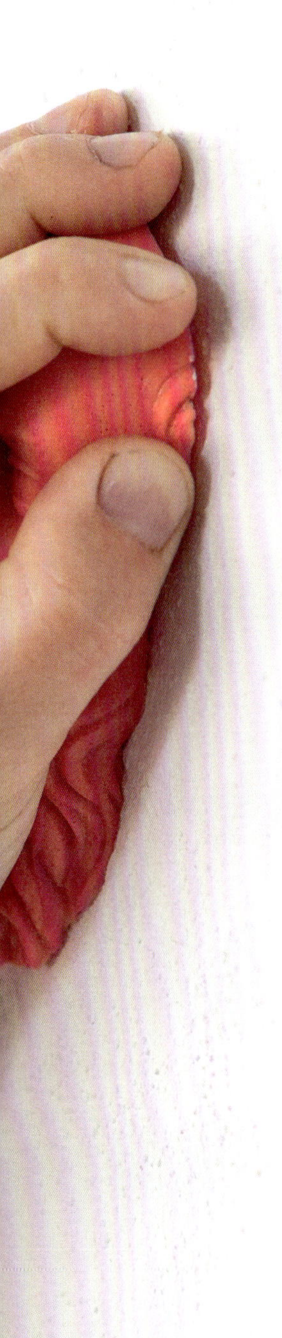

The Beginning Beginning

Sergey Haruto Kurator / Cura Hannover

Is the End Is the

onian
tor, Kunstverein

The Beginning Is the End Is the Beginning

Sergey Harutoonian
Kurator Kunstverein Hannover

Es sind nicht die Banalitäten unseres Alltags, mit denen sich der Künstler Björn Drenkwitz in seinen Arbeiten vielfach beschäftigt, sondern vielmehr die fundamentalen existenziellen Fragestellungen, die unsere Gesellschaft und das menschliche Leben im Innersten zusammenhalten: Wie erfassen wir das Leben und den Tod? Kann der menschliche Verstand die Geburt und das Sterben einer Person in seiner ganzen Tragweite überhaupt erfassen?

Eine Frage, die Generationen von Künstler*innen vor ihm schon umgetrieben hat, und je nach kunsthistorischer Epoche waren die Ergebnisse entsprechend unterschiedlich, von klassischen Stillleben bis hin zu drastischeren Vanitas-Darstellungen mitsamt dem Sensenmann und der obligatorischen Sanduhr. Ganz so eindeutig verfährt Drenkwitz in seiner neuesten Serie *First Cry / Last Breath* nicht. Man sieht psychedelisch anmutende Formen, die sich als Cymaskopien heraustellen – ein bildgebendes Verfahren, dass zur Visualisierung von Tönen dient.

Die Vibrationen von Schallwellen werden auf einer Wasseroberfläche mittels einer hochauflösenden Kamera sichtbar gemacht. Das Ergebnis sind leuchtend-blaue Kreise – Nuklei gleich –, die in ihrer verführerischen Schönheit sorgsam die anfänglich genannten Fragestellungen hüten. Drenkwitz hat für seine beiden Arbeiten den Schrei eines neugeborenen Babys und den letzten Atemzug eines Sterbenden mittels des Cymaskopie-Verfahrens visualisiert. Die Gemeinsamkeit von Anfang und Ende eines Lebens im Sinne eines Kontinuums ist dabei trotz oder gerade wegen der variierenden Kreisformen frappant und lässt die altbekannten kunsthistorischen Darstellungen mit der genannten Thematik als großes, weil voneinander trennendes Missverständnis erscheinen.

Time is a trick of the mind. Ein Satz, der sich ohne Umschweife auf die menschliche Wahrnehmung der Vergänglichkeit anwenden lässt. Die Serie *Vanitas*, die sich auf die japanische Origami-Tradition beruft, greift zentrale Motive der Vanitas-Darstellung auf – Schädel, Blumen und Früchte unterschiedlichster Art –, die durch einen weiteren Aspekt, die Prozesshaftigkeit, ergänzt werden. Für die Faltungen nutzt Drenkwitz die Cyanotypie, ein fotografisches Verfahren, bei dem die Beschichtung des Papiers durch UV-Strahlen belichtet und der dann in Gang gesetzte Prozess durch die Zugabe von Wasser gestoppt wird. Während des Faltvorgangs wird das Papier durch Sonnenlicht belichtet, sodass sich die Falten als Zeugnis der Herstellung in den Formen niederschlagen. Es werden hier also gleichsam zwei unterschiedliche Herangehensweisen an das Faktum der Vergänglichkeit deutlich: Nämlich einerseits die poetische, motivische Annäherung und anderseits der Herstellungsprozess als metaphorische Visualisierung von Zeit an sich.

Einen philosophischen Rekurs bildet die Serie *Erkenntnisweg*, die, als Wandinstallation konzipiert, die rosa-, blau- und weißfarbenen Konterfeis berühmter Philosophen, Sokrates, Plato und Aristoteles, thematisiert. Deren Köpfe dienen als Klettergriffe, um den besagten Pfad der Erkenntnis bildlich vor Augen zu führen. Dient die Philosophie seit jeher als theoretischer Schlüssel zur Erklärung der Welt, interpretiert Drenkwitz die besagte Geisteswissenschaft weitaus konkreter: Die unterschiedlichen philosophischen Ansätze, Denkrichtungen und Konzeptionen sind letztlich Hilfsmittel, die sich in den Dienst des Menschen stellen und

Abbildungsverzeichnis / List of Figures

Abb. 38 / Fig. 38

First Cry, 2018,
Cymaskopie, C-Print / cymatic, C-Print,
80 x 80 cm

S. / p. 73

Abb. 39 / Fig. 39

First Cry, 2018,
Detail
Cymaskopie, C-Print / cymatic, C-Print,
80 x 80 cm

S. / p. 74

Abb. 40 / Fig. 40

Last Breath, 2018,
Detail
Cymaskopie, C-Print / cymatic, C-Print,
80 x 80 cm

S. / p. 75

Abb. 41 / Fig. 41

Last Breath, 2018,
Cymaskopie, C-Print / cymatic, C-Print,
80 x 80 cm

S. / p. 76

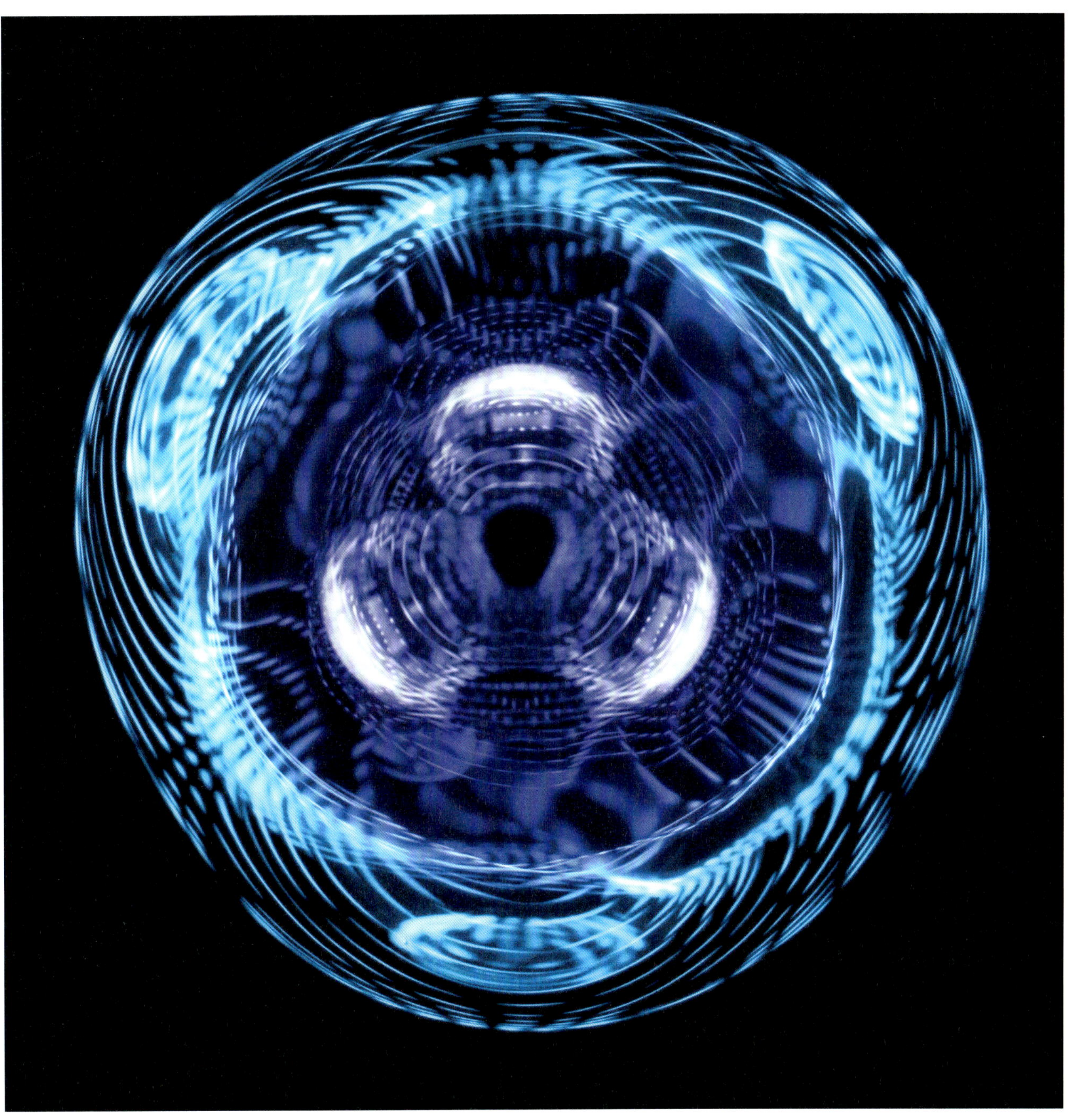

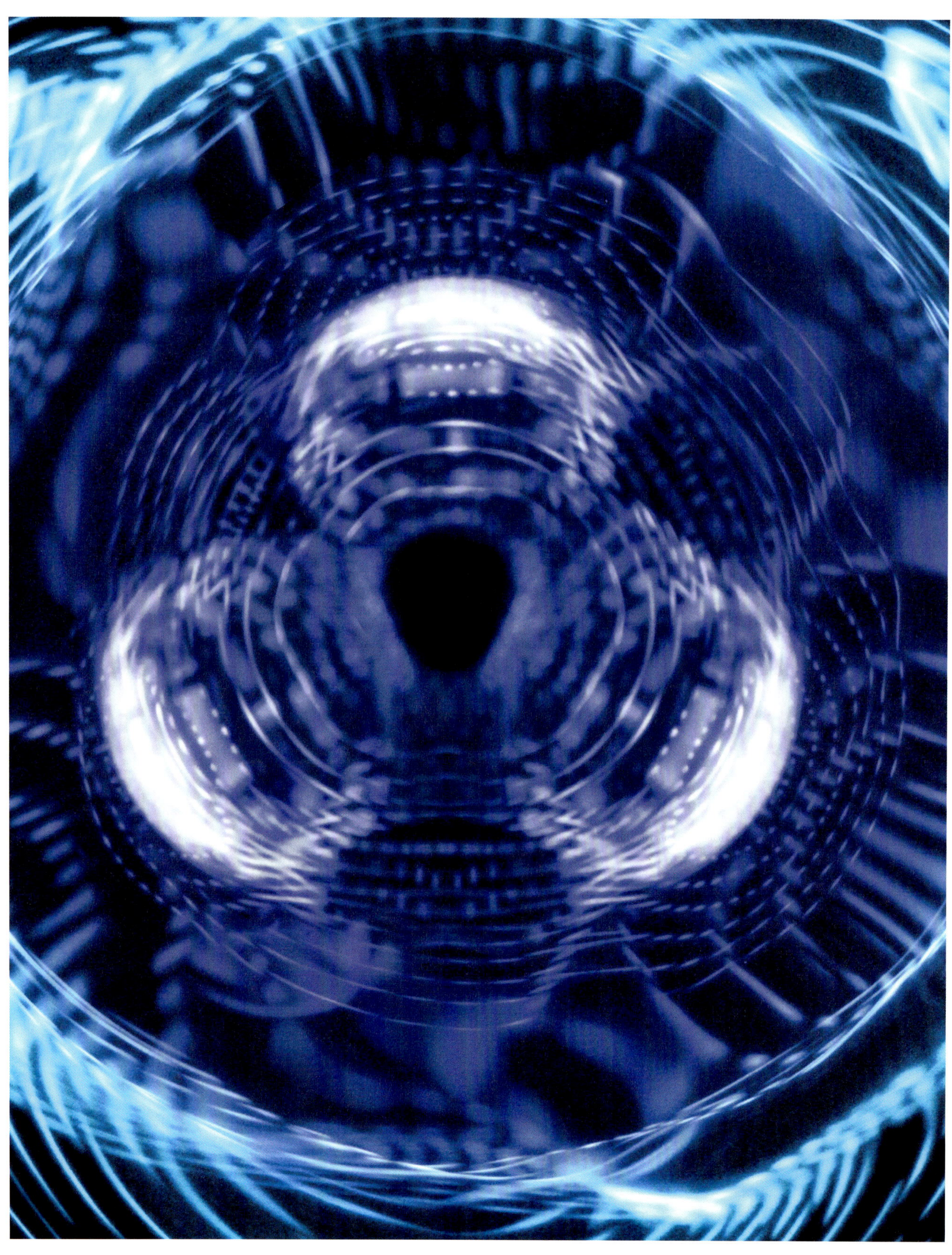

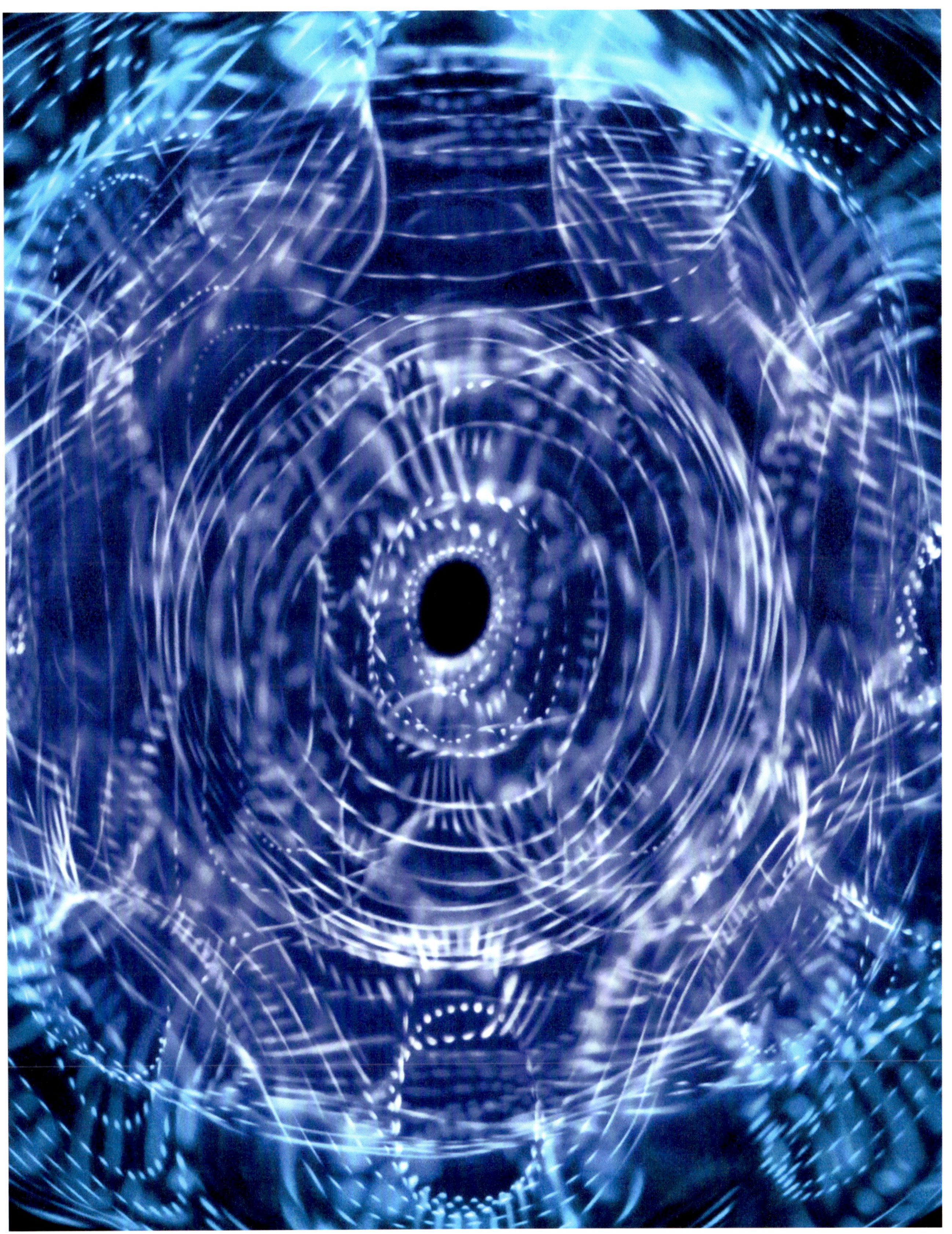

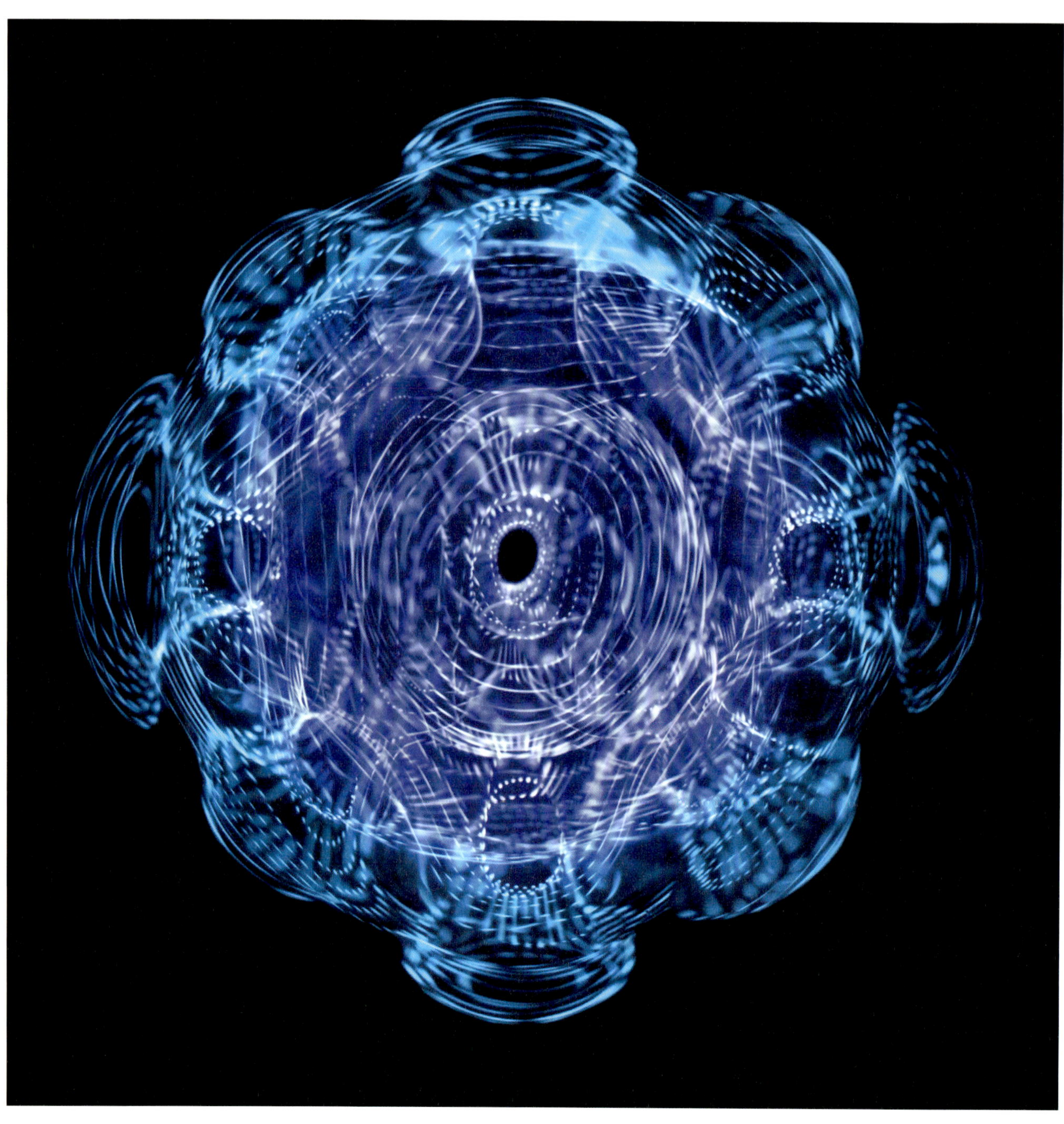

ihm auf dem beschwerlichen Weg zur individuellen Erkenntnis Halt geben. Dass die behandelten Philosophen jeweils in einem Lehrer-Schüler-Verhältnis standen, verdeutlicht darüber hinaus das Kontinuum von Wissen und dessen Fortleben, Weiterentwicklung und Neuinterpretation in der nachfolgenden Generation.

Die Arbeit *Historische Staaten* stellt sich als weitaus politischer heraus, als man es auf den ersten Blick vermuten würde. Im repräsentativen Tondo-Format werden unterschiedliche Blumen bildausfüllend präsentiert. Tondi erlebten ihre Blütezeit während der italienischen Renaissance, als die Mächtigen und Reichen der Gesellschaft sich auf diese Weise abbilden ließen. Der Rahmen für die Darstellung der Blumen ist damit eindeutig determiniert. Der reine Dokumentar- und Schauwert wird durch eine zusätzliche Facette, nämlich die politische Repräsentation, ergänzt: Der Titel lässt erahnen, dass die präsentierten Blumen eine weitere Bedeutungsebene beinhalten. Es handelt sich um Blumen, die von unterschiedlichen Staaten als Nationalsymbol herangezogen wurden und somit eine klare politische Funktion erfüllten.

Das politische Potenzial in Drenkwitz' Schaffen setzt sich auch in der Serie *Wappen* fort. Übereinandergelagert ist für die Betrachter*innen nicht mehr eindeutig zu entschlüsseln, welche titelgebenden Wappen zum Einsatz gekommen sind. Zumindest die gemeinsame topografische Herkunft eint die Wappen: Sie stammen alle von ehemaligen Staaten auf deutschem Staatsgebiet. Ursprünglich von unterschiedlichen Parteien als Abgrenzungs- und Machtsymbol intendiert, symbolisieren sie bei Drenkwitz' Arbeit die Vielschichtigkeit eines Landes auf dem komplizierten Weg zu seiner jetzigen pluriethnischen Identität. Dies stellt eine Entwicklung dar, die fast alle Länder in der Vergangenheit durchlebt haben; in Zeiten der zunehmenden Natonalisierung der westlichen Gesellschaften ein historischer Fakt, den man sich heutzutage in Erinnerung rufen sollte.

In ihrer ästhetischen Sprache gänzlich unterschiedlich eint alle Arbeiten von Björn Drenkwitz ein vermeintlich schnell erfassbarer Inhalt, der sich durch den Einsatz der verwendeten Motive erklären lässt. Bei näherer Betrachtung stellt sich dieser erste Blick, wie so oft, als trügerisch heraus: Die Herkunft der eingesetzten künstlerischen Mittel weist den Betrachter auf das tatsächliche Ausmaß der Werke hin, das von existenziellen, politischen bis hin zu geisteswissenschaftlichen Themen reicht – eine Bandbreite, die Drenkwitz' untrüglichen Blick auf die Welt widerspiegelt und an dem die Betrachter*innen eingeladen sind teilzunehmen.

The Beginning Is the End Is the Beginning

Sergey Harutoonian
Curator, Kunstverein Hannover

It is not the banalities of our everyday lives that most occupy artist Björn Drenkwitz in his works, rather it is the fundamental existential questions that hold the core of our society and human life together: How do we understand life and death? Can the human mind grasp the birth and death of a person and all of its implications? A question that has been asked by generations of artists before him and, depending on the art historical epoch, the results have varied accordingly: from classical still lifes to more dramatic vanitas representations, including the Grim Reaper and the obligatory hourglass. Drenkwitz does not proceed quite so clearly in his latest series *First Cry / Last Breath*.

One sees psychedelic-looking forms that turn out to be cymatics – an imaging process that serves to visualize sounds. The vibrations of sound waves are made visible on a water surface by employing a high-resolution camera. The results are vibrant blue circles – like nuclei – which, in their seductive beauty, carefully guard the initially stated questions. For his two works, Drenkwitz visualized the cry of a newborn baby and the last breath of a dying person using the cymatic process. The similarity of the beginning and end of life in the sense of a continuum is striking, despite, or precisely because of, the varying circular forms, and makes the well-known art-historical representations of the theme appear to be a major misunderstanding because they are separated from one another.

Time is a trick of the mind: a sentence that can be applied outright to the human perception of transience. The series *Vanitas*, which refers to the Japanese origami tradition, takes up central motifs of the vanitas representation – skulls, flowers, and fruits of various kinds – which are complemented by a further facet: processuality. For the folding, Drenkwitz uses cyanotype, a photographic process in which the coating of the paper is exposed to UV rays and the process set in motion is then stopped by the addition of water. During the folding process, the paper is exposed to sunlight so that the folds are recorded in the forms as evidence of their production. Thus two different approaches to the fact of transience become clear here: on the one hand the poetic, motivic approach and on the other the production process as a metaphorical visualization of time itself.

A philosophical recourse is provided by the series *Erkenntnisweg (Path of Knowledge)*, which, conceived as a wall installation, thematizes the likenesses of the famous philosophers Socrates, Plato, and Aristotle in pink, blue, and white. Their heads serve as climbing grips to visualize the previously mentioned path of knowledge. While philosophy has always served as a theoretical key to explaining the world, Drenkwitz interprets the humanities in question much more concretely: the different philosophical approaches, lines of thought, and conceptions, are ultimately means that serve man and support him on the arduous path to individual knowledge. Furthermore, the fact that the philosophers treated were each in a teacher-student relationship emphasizes the continuum of knowledge and its survival, further development, and reinterpretation in the next generation.

The work *Historische Staaten (Historical States)* turns out to be far more political than one would expect at first glance. In the representative tondo for-

Abb. 42 / Fig. 42

Vanitas - Apfel, 2018, Origami-Faltung aus Cyanotypie-Papier / Origami folding from cyanotype paper, 28 x 28 cm

S. / p. 79

Abb. 43 / Fig. 43

Vanitas - Blume, 2018, Origami-Faltung aus Cyanotypie-Papier / Origami folding from cyanotype paper, 28 x 28 cm

S. / p. 80

Abb. 44 / Fig. 44

Vanitas - Fliege, 2018, Origami-Faltung aus Cyanotypie-Papier / Origami folding from cyanotype paper, 28 x 28 cm

S. / p. 81

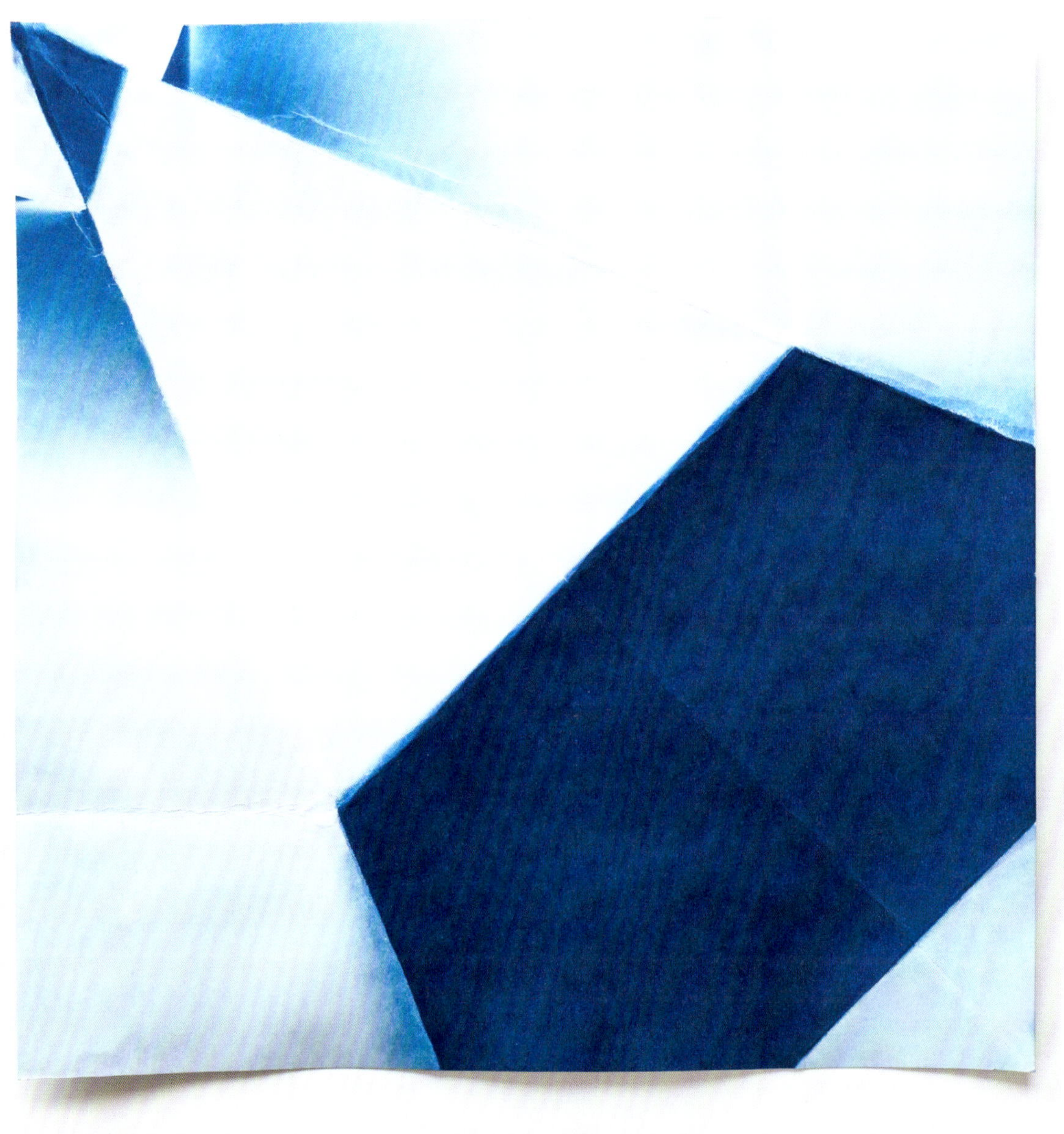

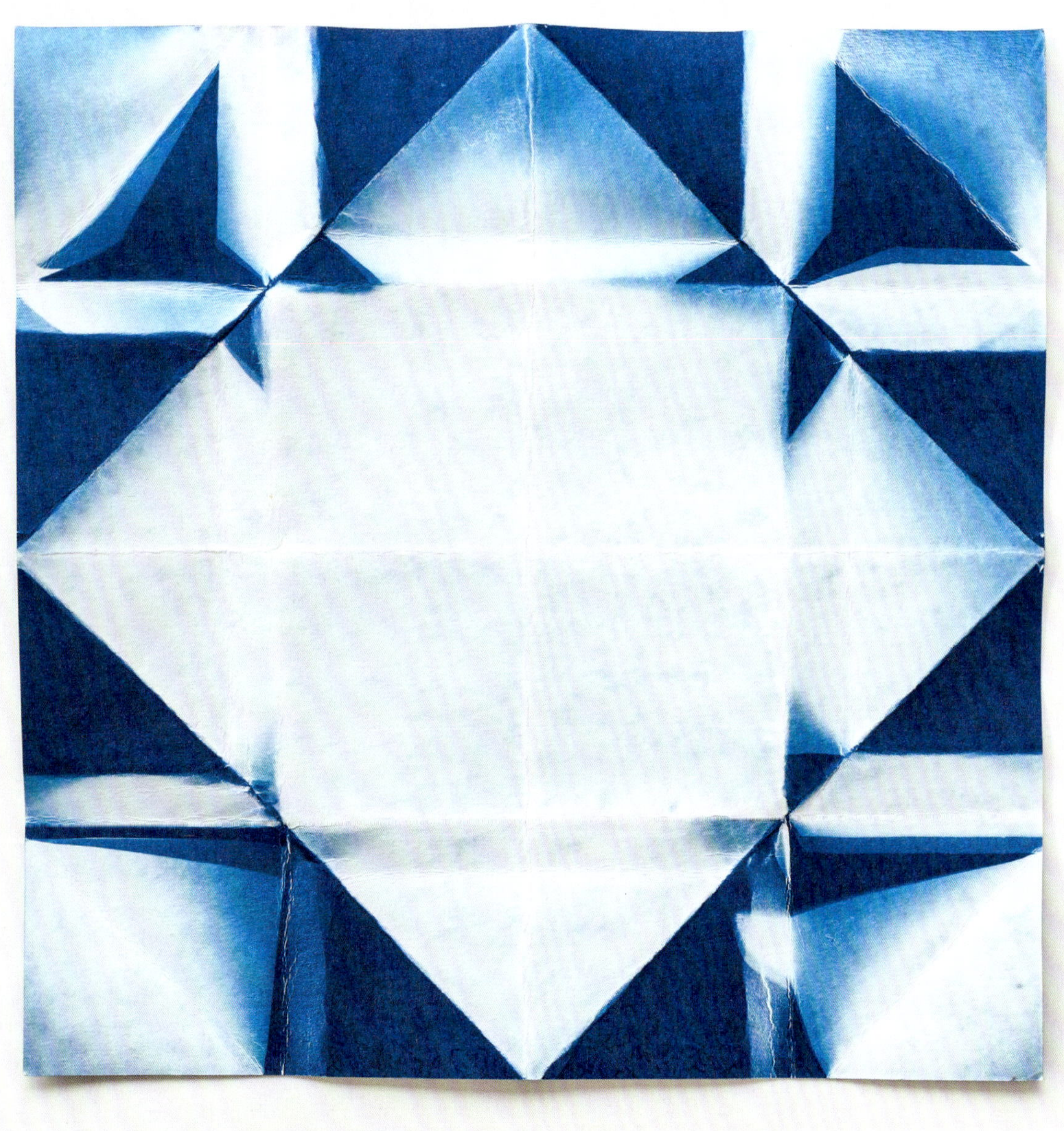

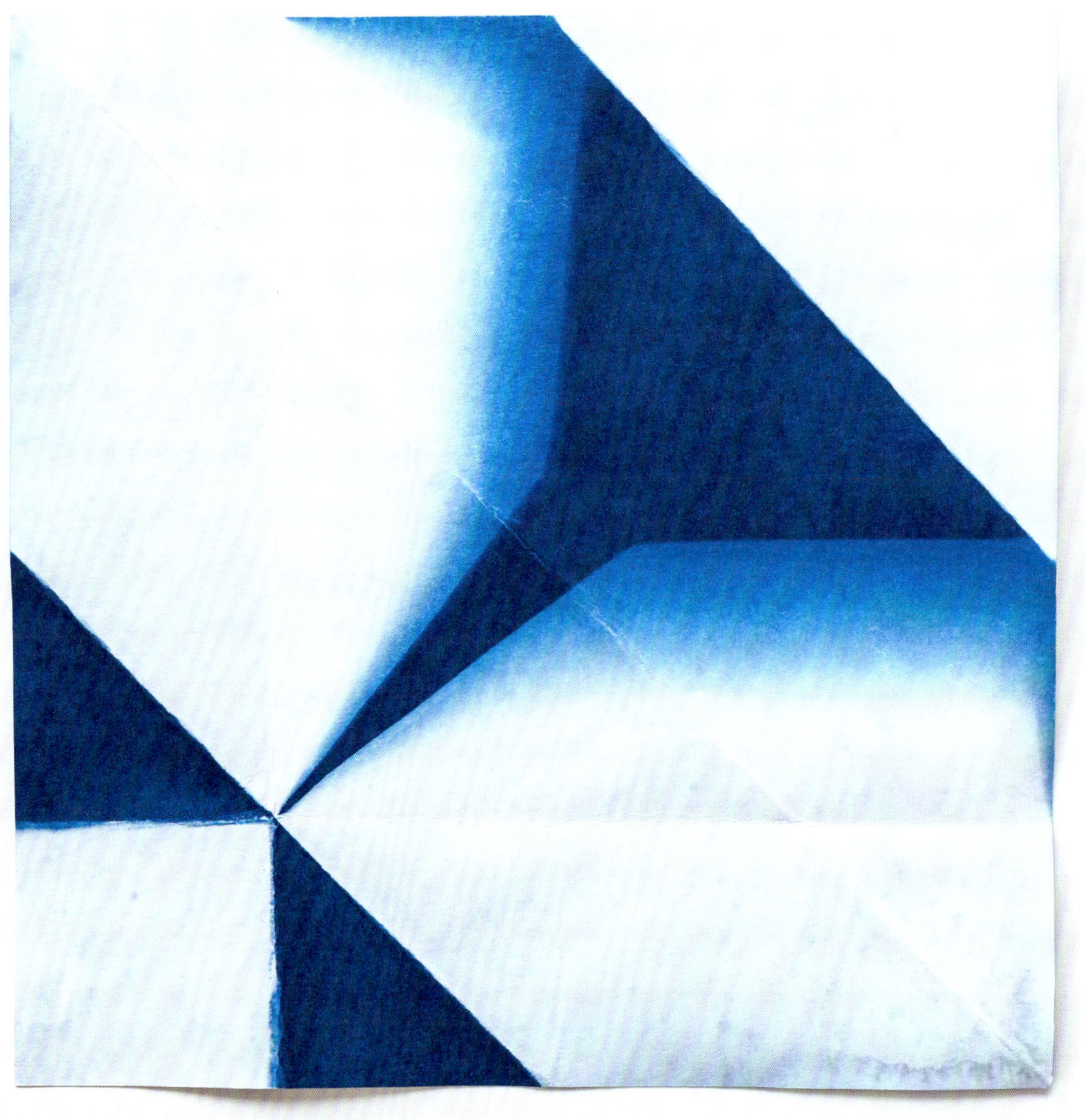

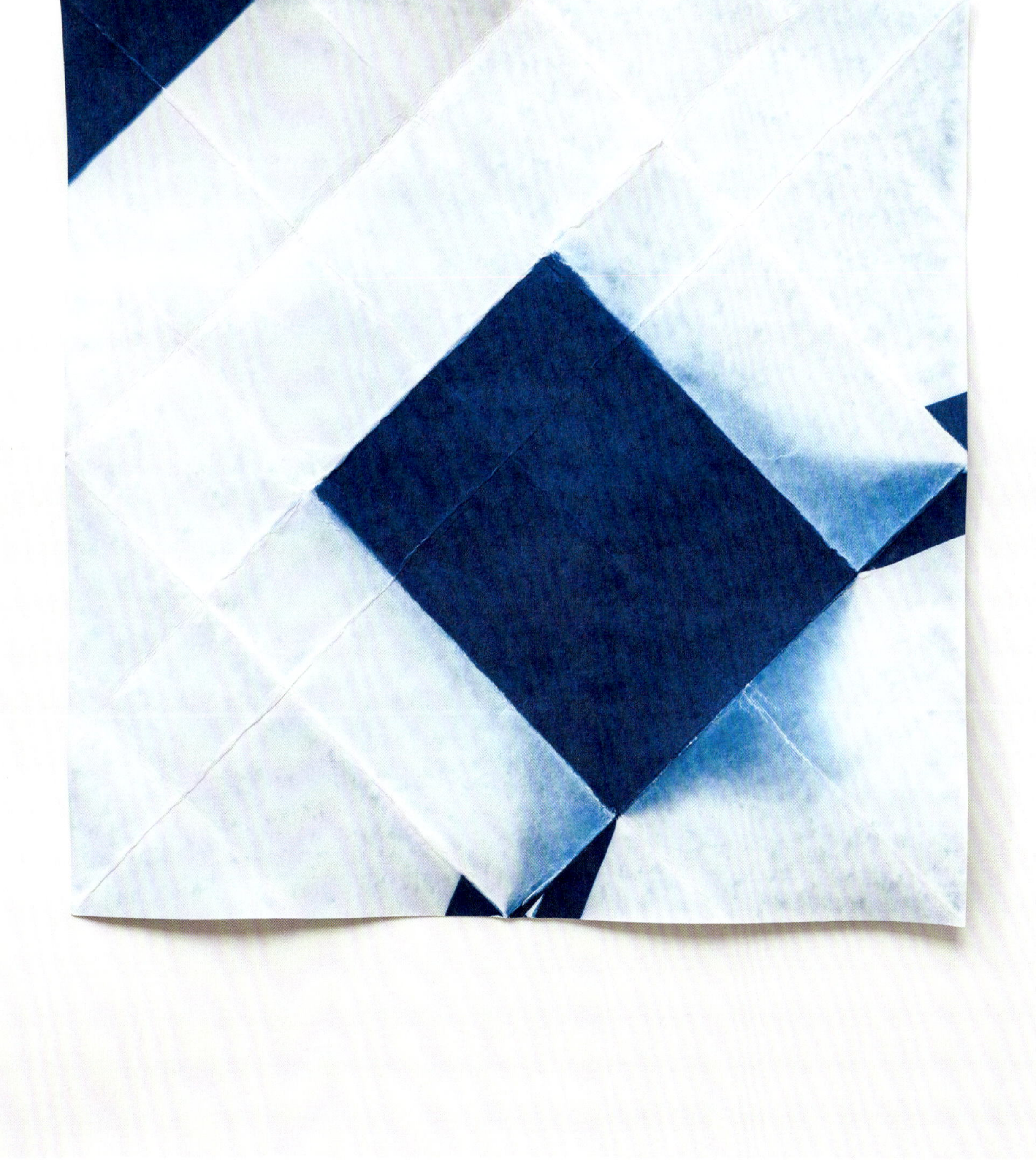

Abb. 45 / Fig. 45

Vanitas - Kerze, 2018, Origami-Faltung aus Cyanotypie-Papier / Origami folding from cyanotype paper, 28 x 28 cm

S. / p. 82

Abb. 46 / Fig. 46

Vanitas - Krone, 2018, Origami-Faltung aus Cyanotypie-Papier / Origami folding from cyanotype paper, 28 x 28 cm

S. / p. 84

Abb. 47 / Fig. 47

Vanitas - Maus, 2018, Origami-Faltung aus Cyanotypie-Papier / Origami folding from cyanotype paper, 28 x 28 cm

S. / p. 85

Abb. 48 / Fig. 48

Vanitas - Schädel, 2018, Origami-Faltung aus Cyanotypie-Papier / Origami folding from cyanotype paper, 28 x 28 cm

S. / p. 86

Abb. 49 / Fig. 49

Vanitas - Schnecke, 2018, Origami-Faltung aus Cyanotypie-Papier / Origami folding from cyanotype paper, 28 x 28 cm

S. / p. 87

mat, various image-filling flowers are presented. Tondi experienced their heyday during the Italian Renaissance when societies' powerful and wealthy were depicted in this way. The framework for the depiction of flowers is thus clearly determined. The pure documentary and exhibition value is supplemented by an additional facet namely political representation: the title suggests that the flowers presented contain a further level of meaning. These are flowers that have been used as national symbols by different states and thus fulfilled a clear political function.

The political potential in Drenkwitz's work is also continued in the series *Wappen (Coats of Arms)*. It is no longer possible for the viewers to clearly decipher which coats of arms have been used for the titles. At least the common topographical origin unites the coats of arms: they all come from former states on German territory. Originally intended by different parties as a symbol of demarcation and power, in Drenkwitz's work they symbolize the intricacies of a country on the complicated path to its current pluri-ethnic identity. This presents a development that almost all countries have experienced in the past; in times of increasing nationalization of Western societies it is a historical fact that should be remembered today.

Entirely different their aesthetic languages, all of Björn Drenkwitz's works are united in their allegedly quickly grasped content, which can be explained by the motifs used. On closer inspection, this first glance, as it so often is, turns out to be deceptive: the origin of the artistic means used points the viewer to the actual depth of the works, ranging from existential and political to humanistic themes – a range that reflects Drenkwitz's unmistakable view of the world in which viewers are invited to participate.

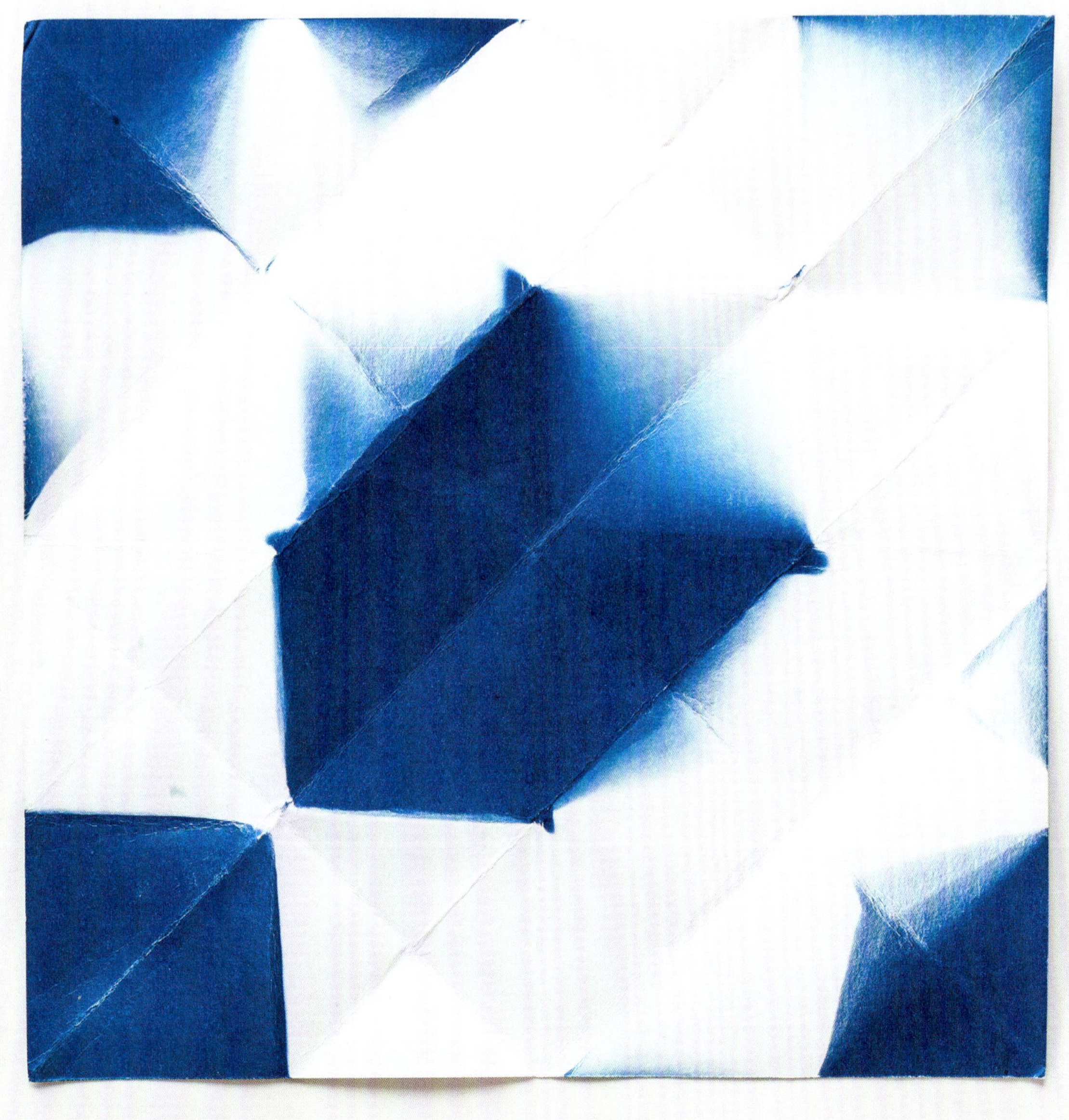

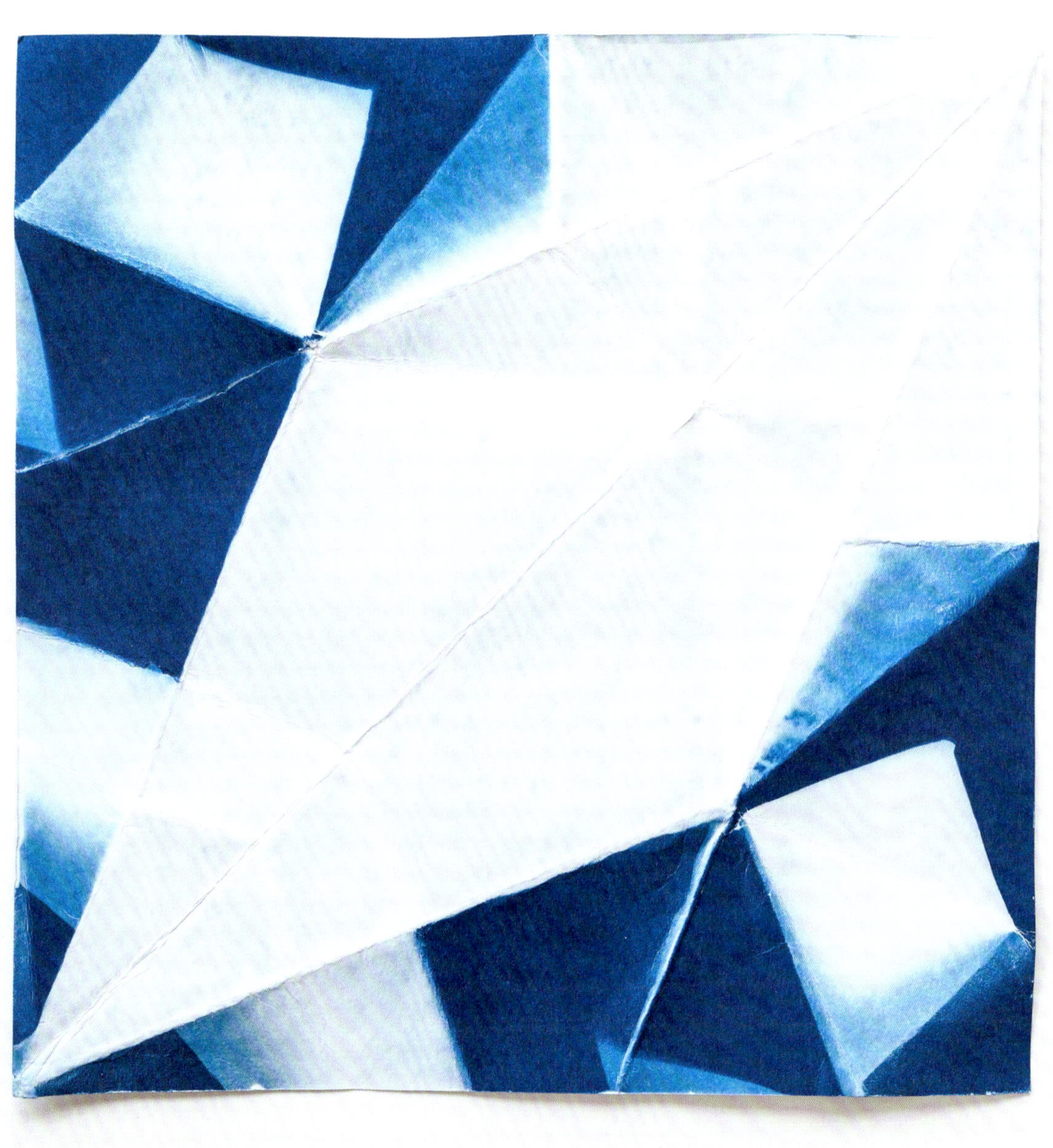

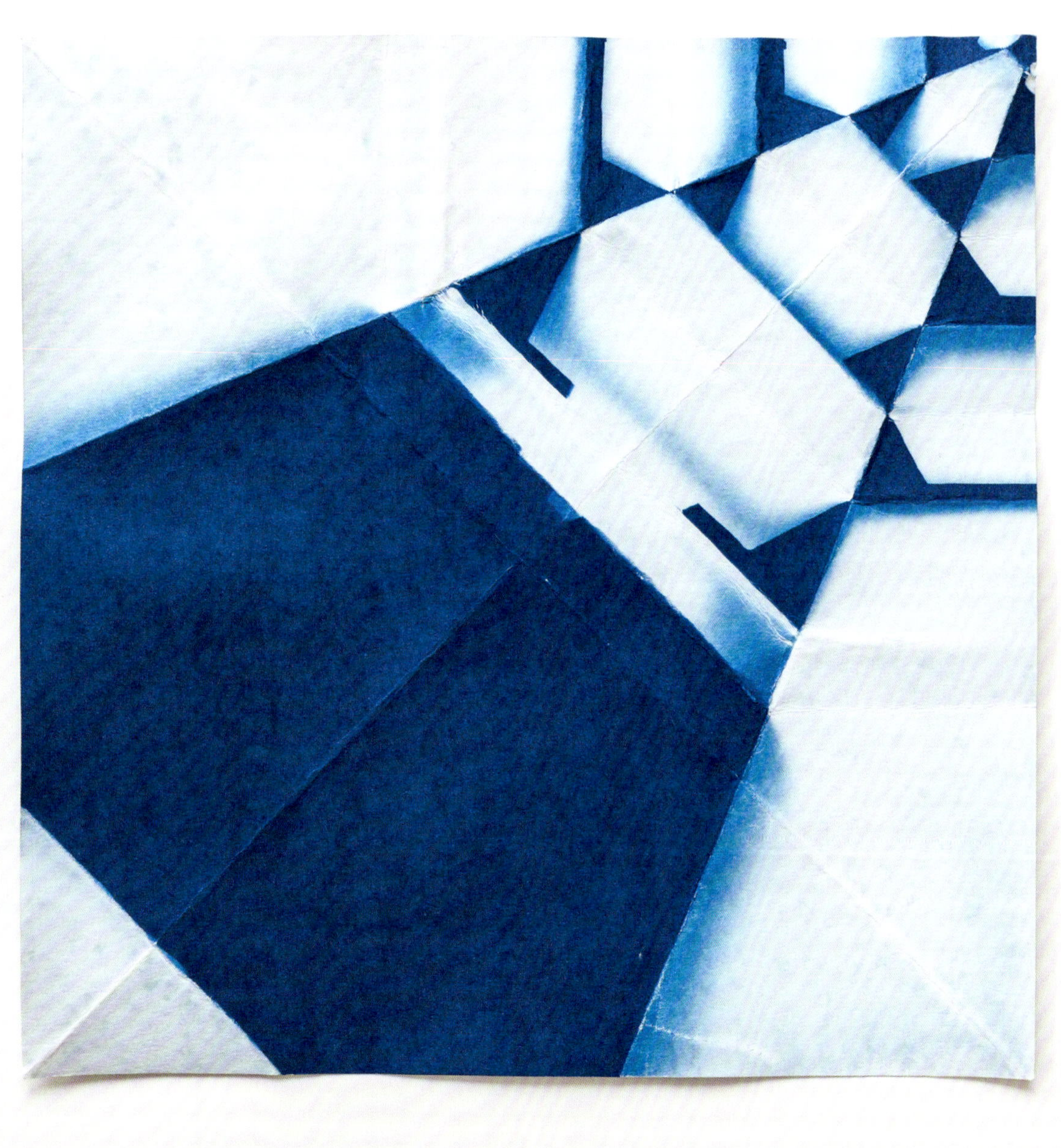

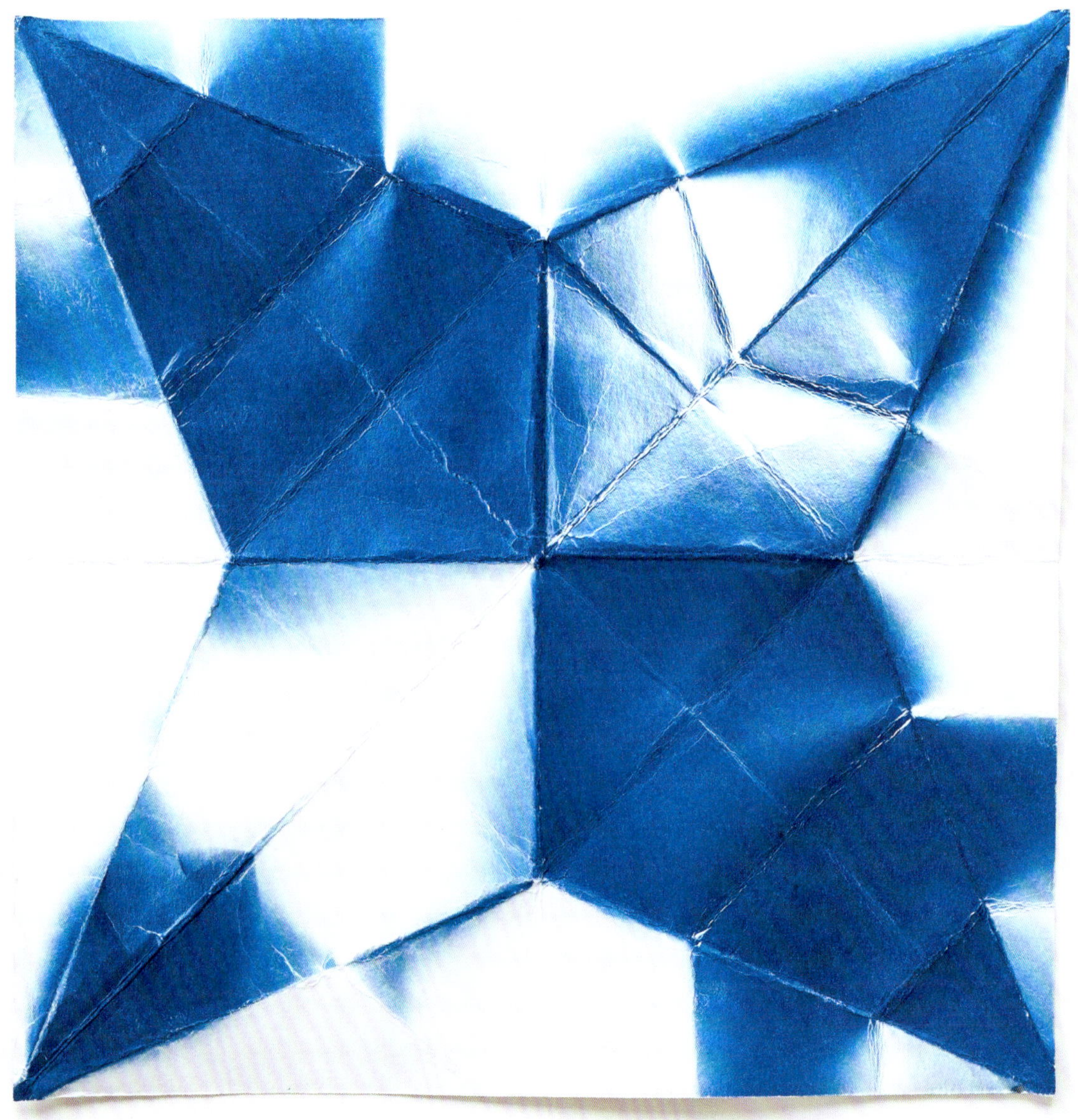

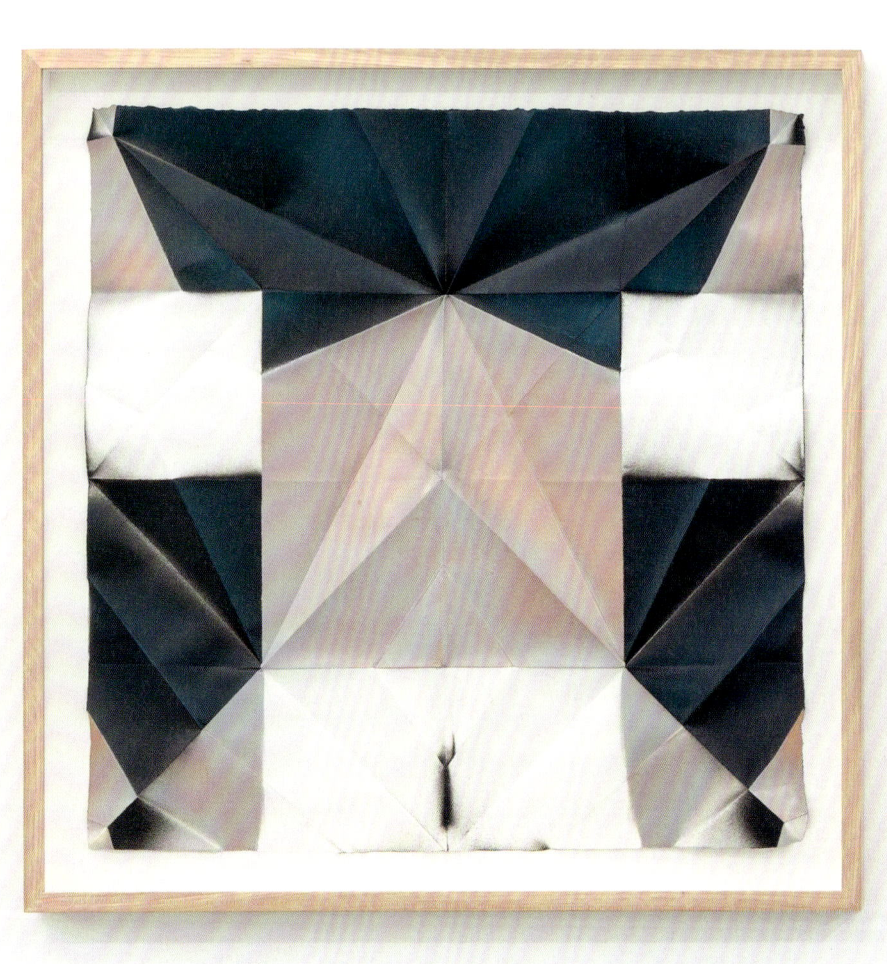

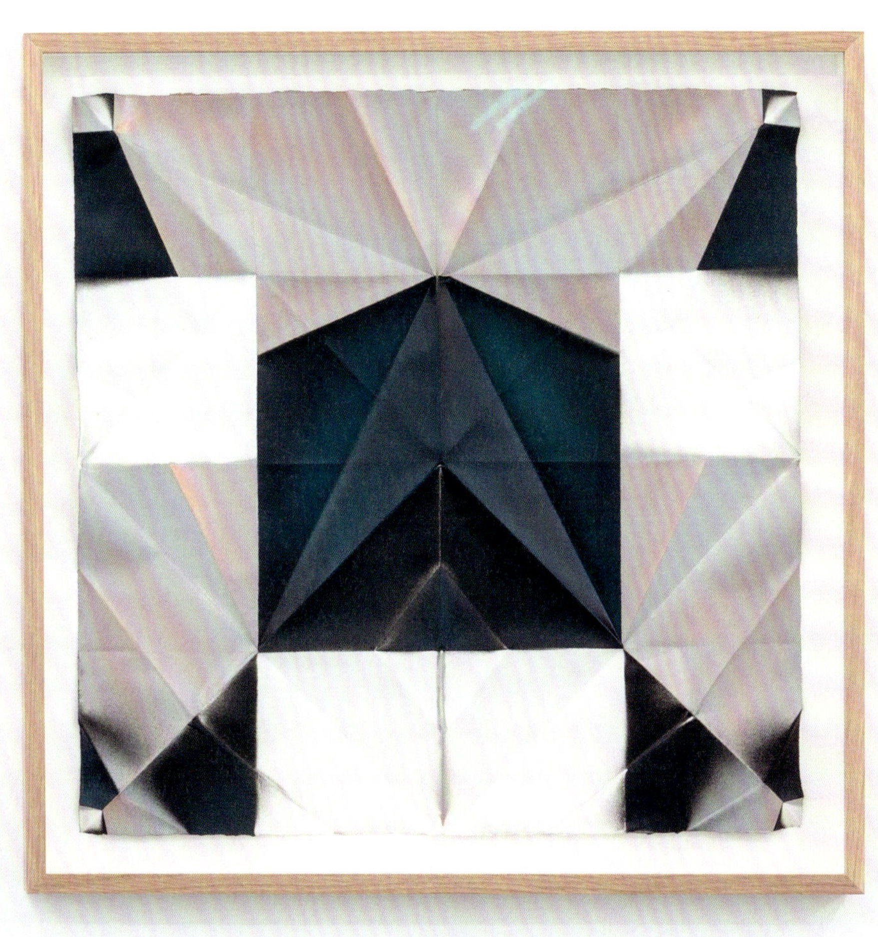

Abb. 50 / Fig. 50

Origami B2 Stealth Bomber, 2016, Ausstellungsansicht / exhibition view Galerie Heike Strelow, lackierte Origami-Faltung Acryl- und Chamäleonlack auf Büttenpapier / Origami folding, acryl and flip-flop varnish on vat paper, 55 x 55 cm

S. / pp. 88, 89

Abb. 51 / Fig. 51

Nationalhymnen, 2014, Ausstellungsansicht / exhibition view Galerie Heike Strelow, 12-inch-Schalplatte vergoldet, Plattenspieler / 12 inch gilded record, record player / audioinstallation,

S. / pp. 90, 91

Abb. 52 / Fig. 52

Schwarzes Quadrat, 2014, Ausstellungsansicht / exhibition view Galerie Heike Strelow, Digitaldruck auf Leinwand / digital print on canvas, 79 x 79 cm

S. / pp. 92, 93

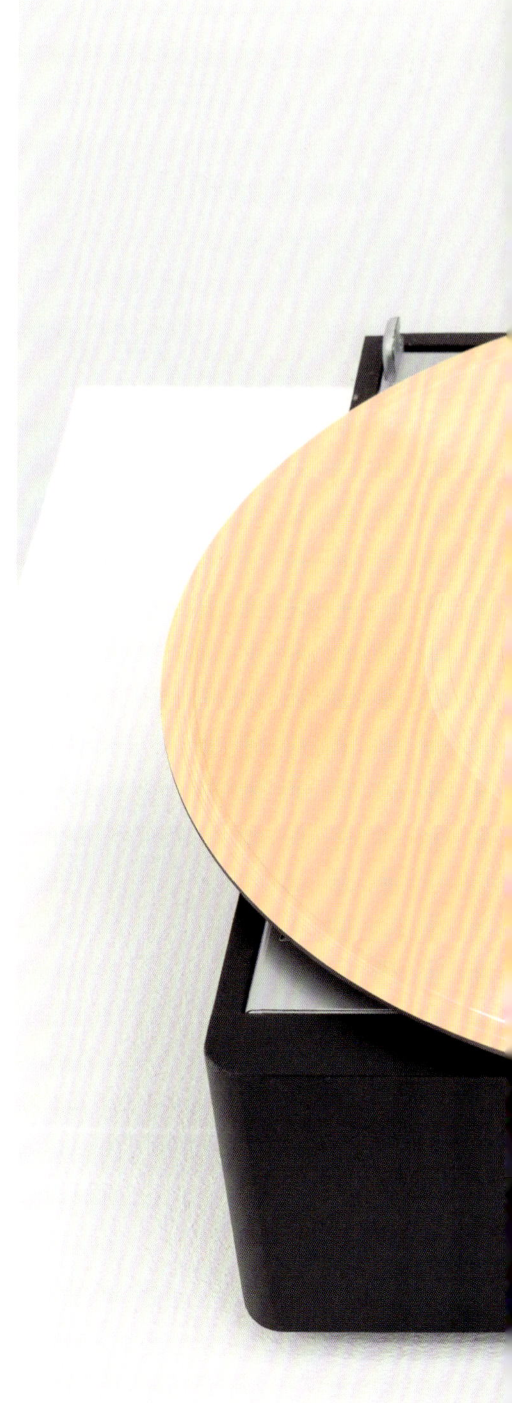

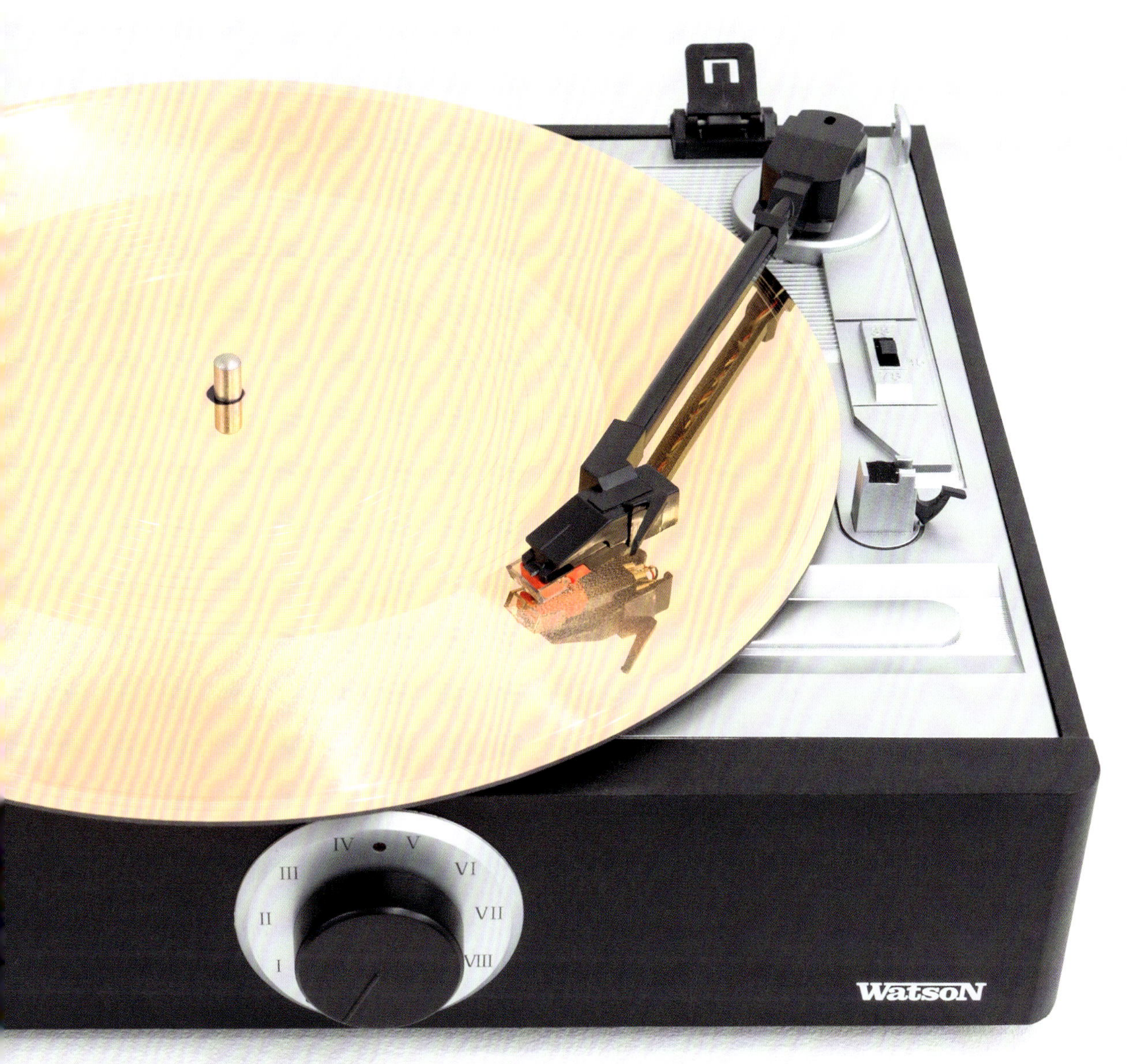
IV V
III VI
II VII
I VIII
WatsoN

Biografie/Biog

Impressum/C

raphy
lophon

Biografie/Biography

Studium

2003 – 2011
Studium der Medienkunst und künstlerischen Fotografie an der Kunsthochschule Mainz und der Kunsthochschule für Medien Köln

Meisterschüler bei Prof. Dieter Kiessling

1999 – 2003
Studium der Theater-, Film- und Medienwissenschaft in Frankfurt

1978
Geboren in Frankfurt

Förderungen

2018
Katalogförderung der Stiftung Kunstfonds

2016
Katalogförderung des Kulturamtes der Stadt Frankfurt

2014
Projektförderung des Ministeriums für Bildung, Wissenschaft, Weiterbildung und Kultur des Landes Rheinland-Pfalz

2013
Arbeitsstipendium der Stiftung Kunstfonds

Projektförderung des Hessischen Ministeriums für Wissenschaft und Kunst

Projektförderung des Kulturamtes der Stadt Frankfurt

2012
Artist in Residence Stipendium, MPRA, Posen, Polen

2011
Emy-Roeder Preis des Landes Rheinland-Pfalz

Katalog- und Ausstellungsförderung der 1822 Stiftung

2009
Förderstipendium der Kunsthochschule Mainz

2006
Projektförderung des Kulturamtes der Stadt Frankfurt

Education

2003 – 2011
Studies of media art and photography, Kunsthochschule Mainz and Academy of Media Arts Cologne

Meisterschüler/postgraduate studies with Prof. Dieter Kiessling

1999 – 2003
Theory of drama, media and movie in Frankfurt

1978
Born in Frankfurt, Germany

Grants

2018
Catalog grant of Stiftung Kunstfonds

2016
Catalog grant of the Cultural Office Frankfurt

2014
Project grant of the Ministry for Education, Science and Culture of the county Rhineland-Palatinate

2013
Working grant of Stiftung Kunstfonds

Project grant of the Hessian Ministry for Arts and Science

Project grant of the Cultural Office Frankfurt

2012
Artist in residence stipend, MPRA, Posen, Poland

2011
Emy-Roeder Price of the County Rhineland-Palatinate

Catalog and exhibition grant, 1822-Foundation

2009
Graduate stipend, Kunsthochschule Mainz

2006
Project grant of the Cultural Office Frankfurt

Impressum/Colophon

Dieser Katalog erscheint anlässlich der Ausstellung Björn Drenkwitz – As Time Goes By, im Kunstverein Ludwigshafen a. Rh., 19. November 2016 – 15. Januar 2017

This catalog is published on the occasion of the exhibition Björn Drenkwitz – As Time Goes By, at Kunstverein Ludwigshafen a. Rh., 19. November 2016 – 15. January 2017

Herausgeber/Editor
Kunstverein Ludwigshafen a. Rh.

Konzeption/Concept
Björn Drenkwitz, Robert Meyer

Gestaltung/Design
Robert Meyer

Texte/Texts
Barbara Auer
Marco Hompes
Sergey Harutoonian

Übersetzung/Translation
Alicia Reuter

Lektorat/Copy Editing
Christine Schneider

Fotonachweis/Photo Credits
Frank Pichler, www.frankpichler.de,
Außer Seite: 45, 46, 48, 49, 51, 52, 53, 54, 57, 58, 60, 61, 63, 73, 74, 75, 76,
Björn Drenkwitz, VG Bild-Kunst, Bonn

Lithografie/Image Editing
Robert Meyer, Frank Pichler

Produktion/Production Management
DISTANZ Verlag

Gesamtherstellung/Printing and Binding
optimal media GmbH, Röbel/Müritz

Vertrieb/Distribution
edel Germany GmbH
www.edel.com
international-books@edel.com

ISBN 978-3-95476-261-3
Printed in Germany

Erschienen im/Published by
DISTANZ Verlag
www.distanz.de

Diese Publikation wurde durch
Stiftung Kunstfonds,
Kulturamt Stadt Frankfurt am Main
und Kunstverein Ludwigshafen
ermöglicht.

Kindly Supportetd By
Stiftung Kunstfonds,
Kulturamt Stadt Frankfurt am Main
and Kunstverein Ludwigshafen

STIFTUNG KUNSTFONDS

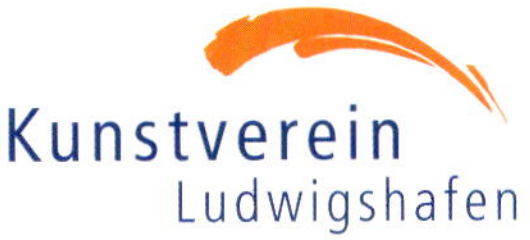

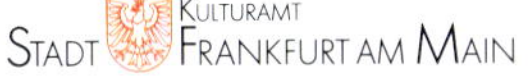